Mars et Vénus sous la couette

Du même auteur
aux Éditions J'ai lu

Les hommes viennent de Mars
Les femmes viennent de Vénus, *J'ai lu* 7133

Mars et Vénus, les chemins de l'harmonie, *J'ai lu* 7233

Comment obtenir ce que nous désirons
et apprécier ce que nous possédons, *J'ai lu Équilibres*

JOHN GRAY

Mars et Vénus sous la couette

Pour que la passion résiste au temps

Traduit de l'anglais par Anne Lavédrine

J'AI LU

Bien-être

Titre original :
MARS AND VENUS IN THE BEDROOM
First published by Harper-Collins, New York, N.Y.

Je dédie ce livre à ma femme, Bonnie, dont la compréhension, la créativité et l'amour inspirent encore et toujours mes écrits et m'aident à mieux comprendre les rapports humains.

Introduction

Il veut du sexe. Elle veut du romantisme. Il semble parfois que nos deux amants soient originaires de deux planètes différentes, que lui vienne de Mars et elle, de Vénus. Au lit, même si tout ce qui différencie en apparence l'homme de la femme saute aux yeux, nous n'avons pas toujours conscience de l'étendue du gouffre qui nous sépare. La compréhension et l'acceptation de nos différences – criantes ou plus discrètes – génèrent pourtant une réelle intimité et une vie sexuelle réussie.

Pourquoi le sexe est si important

Nous savons tous que l'aspect sexuel d'une relation tend à revêtir plus d'importance aux yeux d'un homme qu'à ceux de sa partenaire, tandis que l'aspect sentimental compte plus pour cette dernière. En revanche, nous n'en connaissons pas toujours la cause profonde. Une femme qui ne comprend pas l'ampleur de cette différence fondamentale tendra à sous-estimer l'importance du sexe pour son compagnon et en viendra bien souvent à le juger superficiel et à se plaindre de ce qu'il ne s'intéresse qu'à « ça ». Son jugement perdra de son caractère catégorique dès qu'elle découvrira les véritables raisons qui poussent certains hommes à paraître ne s'attacher qu'à l'aspect sexuel d'une relation.

Mieux comprendre les spécificités sexuelles masculines – lesquelles découlent à la fois de l'histoire et du conditionnement social – l'aidera à concevoir pourquoi, pour beaucoup d'hommes, l'excitation sexuelle est la clé permettant d'éveiller les sentiments amoureux. C'est en effet par le biais des pulsions sexuelles que le cœur d'un homme s'ouvre à l'amour, qu'il prend conscience des sentiments qui l'habitent et aussi de son besoin d'aimer et d'être aimé.

Pour beaucoup d'hommes, l'excitation sexuelle est la clé permettant de prendre conscience de leurs sentiments amoureux.

À l'inverse, les hommes ont souvent du mal à comprendre le réel besoin affectif des femmes et pensent à tort qu'elles se refusent à eux par caprice ou par calcul. Quand un homme veut faire l'amour et que sa partenaire n'est pas immédiatement dans l'ambiance, il se méprend facilement sur ses motivations et se sent rejeté. Il ne devine pas d'instinct qu'elle a en général besoin d'être courtisée et de se sentir aimée pour pouvoir ressentir son propre désir sexuel.

En somme, tout le malentendu entre les hommes et les femmes provient de ce que, alors que les hommes ont besoin de sexe pour voir leurs sentiments amoureux s'éveiller, les femmes ont besoin d'être amoureuses pour éprouver du désir sexuel.

Les hommes ont besoin de sexe pour voir leurs sentiments amoureux s'éveiller, tandis que les femmes ont besoin d'être amoureuses pour éprouver un désir sexuel.

Tout comme la femme a besoin de bien communiquer avec son partenaire pour se sentir aimée et aimante, l'homme a besoin de sexe. Et même si un homme est bien entendu sensible à d'autres types d'attentions amoureuses, c'est en le comblant sur le plan sexuel que sa compagne touchera le plus profondément son âme.

Ce qui rend le sexe fantastique

Pour que la sexualité d'un couple soit extraordinaire, il faut idéalement que les deux partenaires communiquent bien et dans la tendresse. C'est en effet dans ce contexte que les techniques amoureuses enseignées au cours de ce livre donnent leur pleine mesure.

Un couple qui communique correctement verra les idées énoncées dans cet ouvrage et leur mise en œuvre améliorer considérablement la qualité de ses rapports sexuels et leur intensité. Or quand la sexualité d'un couple gagne en passion, toute sa relation amoureuse s'approfondit. Un homme sexuellement épanoui éprouve de plus en plus de sentiments. Il peut donner à sa partenaire tout l'amour dont elle a besoin et qui lui manquait jusqu'alors. Automatiquement, cela améliore encore leur communication et leur intimité.

Quand la vie sexuelle d'un couple s'améliore, toute sa relation s'approfondit.

C'est pourquoi lorsqu'un couple souffre de problèmes relationnels, il vaut parfois mieux oublier pour un temps les questions de fond pour se concentrer sur la relation physique. Une sexualité épanouie suffit souvent à dédramatiser les choses et à aplanir la voie menant à une solution.

En effet, nous l'avons déjà dit, une sexualité épanouie permet au cœur de l'homme de s'ouvrir. Il prend alors conscience de ses sentiments et peut les exprimer à sa partenaire. Dans le même temps, le cœur de sa compagne s'adoucit, ce qui l'aide à se détendre et à s'appuyer sur lui dans les autres domaines de leur relation. Ce processus d'attendrissement accroît grandement sa capacité à communiquer avec son partenaire sans le mettre sur la défensive. La meilleure communication qui s'instaure ainsi au sein du couple favorise à son tour une sexualité encore plus passionnée.

C'est une sexualité épanouie qui ouvre le mieux le cœur d'un homme à l'amour. Il peut ainsi prendre conscience de ses sentiments et les exprimer à sa partenaire.

Pour résoudre efficacement vos problèmes relationnels et instaurer une intimité durable et une meilleure communication au sein de votre couple, je vous recommande mes précédents livres, *What Your Mother Couldn't Tell You & Your Father Didn't Know* (Ce que votre mère n'a pu vous dire et que votre père ignorait) et *Les hommes viennent de Mars, les femmes viennent de Vénus*[1].

---

1. Éditions Michel Lafon, 1997.

Toutefois, la méthode la plus efficace pour approfondir une relation est d'apprendre les techniques qui rendent les rapports intimes plus épanouissants.

Pourquoi écrire un livre de plus sur le sexe ?

La plupart des ouvrages existants traitent – fort utilement – des aspects mécaniques de la sexualité. Celui-ci s'en démarque car il se place sur le plan qualitatif et s'attache avant tout aux méthodes permettant de s'assurer une vie sexuelle épanouissante. Grâce aux nouvelles approches qu'il propose pour mieux communiquer au sein de votre couple, vous apprendrez à satisfaire à la fois vos besoins sexuels et ceux de votre partenaire.

Nombre d'auteurs se concentrent sur les besoins physiques spécifiques des hommes et des femmes, mais rares sont ceux qui se penchent aussi sur l'aspect psychologique des choses. Nous explorerons pour notre part les différences psychologiques qui séparent les hommes et les femmes de manière à vous aider à comprendre comment votre partenaire fonctionne.

Ce livre aspire à guider les hommes comme les femmes sur la voie de l'épanouissement sexuel tant physique qu'émotionnel. Les hommes se réjouiront de savoir leur partenaire munie des informations qu'il contient et celles-ci leur permettront aussi de la rendre plus heureuse au lit comme ailleurs. Je reçois de nombreuses lettres de couples ayant participé à mes séminaires, qui m'assurent que leur vie sexuelle a pris, depuis, une dimension nouvelle. Certains de ces couples étaient mariés depuis plus de trente ans.

De bonnes techniques amoureuses

La femme moderne attend plus d'un rapport sexuel que sa grand-mère ou même sa mère n'en attendait. Hier encore, on se pliait au « devoir conjugal » avant tout pour satisfaire son époux. Pour nombre de femmes de la génération de nos mères, l'amour était une chose que l'on faisait pour son partenaire, pas pour soi. À présent que les femmes bénéficient de moyens de contraception fiables et accessibles et que la société reconnaît mieux leurs besoins et leurs désirs sexuels, elles ont plus de latitude pour explorer leur sensualité.

Pour beaucoup de femmes, s'intéresser au sexe est aussi un moyen de parfaire leur équilibre en renouant avec leur féminité. En effet, une femme qui a consacré sa journée à un emploi masculin traditionnel a, d'une certaine manière, « changé de sexe ». Elle aussi souhaiterait trouver à son retour à la maison une « épouse » accueillante et elle aussi aspire à se détendre par le biais de la jouissance sexuelle. Des rapports intenses la comblent donc tout autant que son partenaire. Pour gérer le stress généré par un environnement professionnel moderne, l'homme a besoin du soutien de sa partenaire et elle a besoin du sien.

Pour qu'un homme apporte à sa partenaire l'épanouissement sexuel qu'elle attend aujourd'hui, il doit posséder une bonne technique amoureuse. Les méthodes traditionnelles en usage pendant des siècles ne suffisent plus et un homme ne peut plus se contenter d'obtenir d'une femme qu'elle se soumette à son désir. Aujourd'hui, elle exige davantage : elle aussi veut avoir un orgasme. À l'homme d'apprendre à le lui donner.

Les femmes ne sont pas seules à attendre davantage d'une relation sexuelle. Leurs partenaires sont eux aussi devenus plus exigeants. Ils refusent de renoncer à la passion.

Une proportion croissante d'hommes et de femmes considère d'ailleurs l'absence de passion dans le lit conjugal comme un cas de divorce. Ni les uns ni les autres ne veulent plus souscrire à l'ancien système selon lequel les hommes s'accordaient de discrètes escapades pour satisfaire leur besoin de passion, pendant que les femmes sacrifiaient le leur au maintien de la cohésion familiale. D'une part parce que le sida et les autres maladies sexuellement transmissibles rendent les aventures extra-conjugales beaucoup plus dangereuses que par le passé, mais surtout parce que l'homme moderne recherche une partenaire qui apprécie autant que lui l'aspect sexuel de leur relation et qui l'aidera à conserver leur passion vivace. Pour y parvenir, il est indispensable que tous deux acquièrent un certain savoir-faire amoureux.

Dans les douze premiers chapitres de *Mars et Vénus en Amour*, nous explorerons les diverses méthodes permettant d'intensifier votre vie sexuelle, puis, dans le chapitre 13, nous nous pencherons sur l'importance des gestes romantiques hors de la chambre à coucher pour préserver la passion.

Pourquoi les couples cessent de faire l'amour

Il arrive fréquemment qu'après quelques années de mariage, l'un ou l'autre des partenaires voie son envie de faire l'amour disparaître. Il lui semble avoir soudain perdu tout goût pour la bagatelle. Ce désintérêt résulte en réalité d'un mauvais environnement : certaines conditions indispensables à l'épanouissement du désir sexuel font défaut. Nous étudierons celles-ci en détail au fil de *Mars et Vénus en Amour*.

Bien souvent, les hommes et les femmes ne connaissent pas vraiment leurs besoins ou ignorent comment les satisfaire. Et plutôt que de se sentir en permanence frustrés, ils en arrivent à se passer carrément de sexe.

Curieusement, lors de mes séminaires, ce sont généralement les femmes qui viennent à moi pendant les pauses pour me raconter que leur époux ne montre plus aucun intérêt pour le sexe. Il est pourtant plus habituel que ce soit l'homme qui éprouve plus de désir que sa partenaire. Mais quel que soit le cas de figure en cause, le problème est réversible et, avec une bonne technique amoureuse, on peut rallumer la passion au sein du couple.

Comment partager ce livre avec votre partenaire

Mon propos étant d'écrire un livre amusant et pas trop technique, je l'ai volontairement découpé en chapitres courts, afin que vous puissiez le reposer rapidement pour mettre en pratique les connaissances que vous venez d'acquérir. Il s'adresse autant aux hommes qu'aux femmes. Si vous souhaitez que votre partenaire le lise, sachez cependant faire preuve de tact pour le lui recommander.

Une femme désireuse de voir son compagnon lire ce livre doit impérativement veiller à ne pas le présenter comme un ouvrage « utile » pour lui ou pour leur vie sexuelle. Il risquerait d'en déduire qu'elle ne le juge pas assez bon au lit, qu'elle souhaite qu'il prenne des cours... Cela le vexerait. Mieux vaut lui proposer : « Tu veux bien lire avec moi ce livre sur la sexualité ? Je sens que nous allons nous amuser », ou « Ce livre est vraiment chaud. Nous devrions le lire ensemble. » Il aura l'impression qu'elle souhaite qu'ils essaient ensemble quelque chose de nouveau, et cela le tentera beaucoup plus.

Un homme qui veut amener sa compagne à lire ce livre doit faire appel à la même stratégie et éviter absolument de se montrer insistant s'il la voit réticente. Dans ce cas, il commencera tout simplement à lire le livre seul et mettra en application les principes qu'il contient. Les transformations qu'elle observera en lui piqueront la curiosité de sa partenaire et elle ne tardera pas à chercher à lire par-dessus son épaule.

En tout cas, au début, sachez accepter un refus de votre conjoint avec le sourire. Peu à peu, à mesure que vous suivrez les conseils de ce livre, il ou elle s'y intéressera. Un homme ne manquera pas de vouloir étudier de plus près les pages qui incitent sa femme à s'attacher à améliorer leur vie sexuelle et une femme voudra savoir d'où son partenaire tire les nouvelles techniques qu'il emploie au lit.

Vous pouvez aussi laisser ce livre traîner dans votre chambre ou dans la salle de bains. La curiosité aura immanquablement raison des réserves de votre compagne ou de votre compagnon.

Lire ce livre à haute voix avec votre partenaire peut vous aider à exprimer simplement des messages d'ordre sexuel. Une exclamation enthousiaste ou un murmure approbateur lors de certains passages peuvent transmettre d'utiles indications quant à vos désirs secrets. Cette lecture à deux sera également l'occasion de discuter de sujets que vous aviez jusqu'alors toujours évité d'aborder de peur de paraître critique ou dirigiste. On accepte beaucoup mieux la chose écrite qu'une remarque verbale.

Un couple peut aussi commencer par lire ce livre chacun de son côté, puis le mettre en pratique. Plus tard, pour améliorer la communication au sein de votre couple, vous aurez avantage à le relire ensemble à voix haute, au moins pour vos passages préférés.

Il arrive fréquemment qu'une femme hésite à exprimer ses souhaits en matière sexuelle parce qu'elle ne veut pas voir son partenaire suivre ses instructions de manière mécanique. Lire ensemble les pages relatives aux techniques amoureuses donnera aux hommes comme aux femmes une grande variété d'approches inconnues d'eux à tester. Ce qui aidera sûrement certains couples à retrouver une nouvelle passion. Le propos de ce livre n'est pas seulement d'éduquer, mais aussi d'inspirer.

Certains hommes me disent qu'ils savent déjà ce dont je leur parle, mais qu'ils sont ravis de se le voir présenter sous un angle aussi positif. N'oubliez pas non plus qu'il suffit parfois de parler de sexe ou de lire un ouvrage qui en traite pour réveiller des ardeurs assoupies.

Expérimentez de nouvelles techniques amoureuses, mais continuez à discuter et à exprimer vos désirs personnels, car quelques-uns des gestes ou des trucs qui vous tentent peuvent déplaire à votre partenaire. Mais il peut arriver aussi qu'il évolue et se mette à apprécier certaines choses qui le rebutaient, et vice versa.

Il est primordial de ne jamais demander à l'autre d'accomplir des choses qui le mettent mal à l'aise et de ne jamais lui faire quoi que ce soit qui lui déplaise. Le sexe doit rester un don précieux et mutuel fondé sur l'amour.

La meilleure tactique consiste à absorber les informations que je vous donne puis de tester ce qui vous séduit, comme si vous vous serviez sur un buffet. Ce qui attire certains répugne à d'autres ; c'est ainsi. Ne cherchez pas à faire changer votre partenaire d'avis. Après tout, il ne vous viendrait pas à l'idée d'essayer de le convaincre qu'il aime les pommes de terre si tel n'est pas le cas, ni de porter un jugement défavorable sur lui parce qu'il apprécie ces tubercules et vous pas !

Pour que la sexualité et la passion s'épanouissent au fil des années, il est indispensable que chacun puisse exprimer ses désirs et ses souhaits sans craindre d'essuyer des critiques. Nous devons toujours nous attacher à aborder les questions sexuelles avec un esprit ouvert.

Mes conseils vous rappelleront souvent des choses que vous savez déjà d'instinct. J'ai pour ma part tiré un énorme bénéfice de chacunes des idées que j'y présente, tout comme les milliers de personnes que j'ai aidées ou qui ont participé à mes séminaires. J'espère que vous apprécierez ce livre et qu'il illuminera longtemps vos jours et vos nuits.

Une sexualité épanouie est le don que Dieu fait à ceux qui s'attachent à bâtir une relation de couple empreinte d'amour et de complicité. Une vie sexuelle épanouie est votre récompense et vous la méritez.

John GRAY,
29 avril 1994

Rappel important

Ce livre s'adresse aux couples stables et monogames. Si la relation que vous entretenez avec votre partenaire n'est pas stable et monogame, ou si vous n'êtes pas sûr à 100 % que votre partenaire soit séronégatif, vous devez absolument vous protéger. De nombreux livres expliquent comment pratiquer le *safe sex* tout en préservant la spontanéité des rapports et le plaisir, et je ne saurais trop vous recommander d'apprendre – si ce n'est déjà fait – à vous protéger contre le sida et les autres maladies sexuellement transmissibles.

Il est particulièrement important pour les femmes de prendre des mesures protectrices car dans le cadre d'une relation hétérosexuelle, elles sont plus exposées à une contamination par le virus HIV que leur partenaire masculin. En effet, les rapports sexuels provoquent souvent de minuscules plaies sur la paroi vaginale, qui facilitent la pénétration du virus dans l'organisme. Les femmes qui n'osent pas toujours exiger de leur partenaire qu'il porte un préservatif lors de chacun de leurs rapports sexuels doivent se rappeler que leur santé et leur vie sont bien trop précieuses pour être mises en péril parce qu'un homme juge qu'une capote anglaise diminue l'intensité de ses sensations. On trouve d'ailleurs aujourd'hui des préservatifs extrêmement fins et des gels lubrifiants qui limitent considérablement cette perte sensorielle et il existe mille et une manières d'intégrer le préservatif aux jeux amoureux. Songez aussi que la sensibilité réduite causée par le port d'un préservatif peut aider l'homme à retarder son éjaculation afin de mieux satisfaire sa partenaire. Et, comme je l'expliquerai de manière plus détaillée dans le chapitre 9, se retenir ainsi peut lui permettre d'éprouver lui aussi un orgasme encore plus intense.

Les hommes, eux, doivent se rappeler combien il est délicat pour une femme de se détendre, de faire confiance à son partenaire et d'apprécier réellement un rapport sexuel si elle redoute de contracter le sida ou toute autre maladie sexuellement transmissible, ou de tomber enceinte. Dans le feu de l'action, il est facile pour un homme d'oublier les risques liés à un rapport non protégé, mais s'il prend la responsabilité de protéger sa partenaire à chaque fois, elle l'appréciera énormément et se montrera encore plus réceptive à ses avances et à ses caresses parce qu'elle se sentira en sécurité dans ses bras.

Si vous entretenez une relation de couple stable et monogame depuis au moins trois mois, vous pouvez tous deux faire un test HIV fiable (le virus n'est souvent pas détectable dans le sang avant ce délai). Adressez-vous à votre médecin traitant ou à un laboratoire d'analyses.

1
De bonnes techniques amoureuses pour une sexualité épanouie

Si vous vous donnez la peine d'apprendre les techniques amoureuses qui suivent et de les mettre en pratique, vous vous en verrez récompensé par une amélioration constante de votre vie sexuelle. Or une sexualité épanouie ressource le corps, l'esprit et l'âme – un peu comme de merveilleuses vacances après une période de dur labeur, une agréable promenade dans la forêt un jour ensoleillé de printemps, ou encore la joie qu'un alpiniste éprouve lorsqu'il a vaincu un sommet. Cela illumine toute notre existence et renforce une relation de couple dans tous ses aspects.

Une vie sexuelle fantastique n'est pas seulement le symptôme d'une relation passionnée ; c'en est aussi l'un des éléments déterminants. Que nos étreintes soient pleines d'amour, passionnées ou sensuelles, qu'elles soient lentes ou rapides, voire en coup de vent, que nous dégustions notre partenaire comme un grand vin ou que nous jouions ensemble, que nous nous montrions tendres ou brutaux, doux ou exigeants, romantiques ou obsédés par nos performances, que nous privilégions l'érotisme ou la simplicité, la tendresse ou la passion, le sexe joue toujours un rôle déterminant pour la survie de l'ardeur amoureuse. Il remplit nos cœurs d'amour et peut combler presque tous nos besoins émotionnels.

> **Une vie sexuelle géniale n'est pas seulement le symptôme d'une relation passionnée ; c'en est aussi l'un des éléments déterminants.**

Ce qui comble une femme sur le plan sexuel

Une femme comblée sur le plan sexuel devient plus douce. Son cœur s'ouvre à l'amour à mesure qu'elle acquiert la certitude de celui que son partenaire lui porte. Les enivrantes caresses qu'il lui prodigue et le simple fait qu'il ait pris la peine de se rappeler celles qu'elle apprécie ne laissent plus planer aucun doute dans son esprit : il tient à elle. Être l'objet d'une telle attention passionnée et sans faille satisfait pleinement son besoin d'amour. Elle peut alors oublier ses tensions pour céder aux attentes les plus profondes de sa féminité et enfin donner libre cours à son désir passionné d'aimer et d'être aimée.

Ce qui comble un homme sur le plan sexuel

Le sexe permet à un homme d'évacuer toutes ses frustrations et de raviver sa flamme et son attachement à sa relation de couple. Il peut constater très vite le fruit de ses efforts pour rendre sa partenaire heureuse. La combler est son unique quête et sa plus grande victoire. La sentir se faire chaude et humide sous ses caresses l'excite, l'électrise et éveille les strates les plus profondes de sa virilité. Les portes du paradis s'ouvrent devant lui car il a atteint son but. Il lui semble que, cette fois, son amour est apprécié à sa juste valeur. Son souci – parfois dissimulé mais toujours vivant et brûlant – d'aimer et d'être aimé est exposé au grand jour et satisfait.

Épanouissement sexuel et relation de couple

Entretenir des rapports intimes passionnés rappelle aux hommes comme aux femmes le tendre sentiment qui les a au départ poussés dans les bras l'un de l'autre. Pendant un rapport sexuel réussi, le cerveau et l'organisme humains sécrètent des substances chimiques qui portent le plaisir à son paroxysme. Bien faire l'amour accroît notre attirance mutuelle, nous donne plus d'énergie et peut même améliorer notre santé[1]. Après une étreinte enivrante, on se sent jeune et dynamique et doué d'une capacité accrue d'admirer, de s'émerveiller et d'apprécier non seulement notre partenaire mais tout l'univers qui nous entoure. L'épanouissement sexuel est le don que Dieu fait à ceux qui se donnent

1. Dans son livre *The Power of Five,* le Dr Harold Bloomfield révèle que des taux d'œstrogènes moyens plus élevés s'observent chez les femmes ayant une vie sexuelle régulière, ce qui leur confère une meilleure solidité osseuse, une meilleure santé cardio-vasculaire et une joie de vivre accrue. Les hommes qui font l'amour régulièrement ont, eux, un taux de testostérone plus élevé, qui renforce leur confiance en eux, leur vitalité, leur force et leur énergie.

la peine de faire de l'amour l'une des priorités de leur existence.

En quoi un mariage se distingue-t-il d'une amitié amoureuse ? Avant tout par son élément sexuel. Le sexe nourrit le principe féminin et le principe masculin plus directement qu'aucune autre activité de couple. Bien faire l'amour apaise une femme et lui permet de rester en contact avec sa féminité, tandis que son partenaire en retire une force accrue et un contact plus étroit avec sa virilité. Le sexe est ce qui peut le plus nous rapprocher l'un de l'autre... ou nous séparer.

Pour établir une relation sexuelle épanouissante, il ne suffit pas de suivre son instinct, et ce, que l'on soit homme ou femme. De nos jours, l'acte sexuel ne se résume plus pour nous à la simple satisfaction d'un besoin physiologique : l'aspect qualitatif tient une place primordiale. L'eussent-ils voulu que nos parents n'auraient pu nous enseigner les secrets d'une vie sexuelle réussie en cette fin du vingtième siècle. Le sexe a évolué en même temps que les relations amoureuses et la communication au sein du couple. Pour satisfaire son partenaire au lit, des techniques amoureuses modernes sont donc désormais nécessaires.

Si nous ne comprenons pas clairement nos besoins respectifs sur le plan sexuel, en quelques années – voire parfois en quelques mois seulement – les rapports sexuels se transformeront en une routine aussi mécanique que peu exaltante. Heureusement, il suffit de peu de changements bien menés pour renverser la vapeur et réveiller la passion.

Les femmes aiment le sexe

Une sexualité épanouie implique que les deux partenaires aient une attitude positive à l'égard du sexe. Par exemple, un homme a besoin, pour continuer à désirer sa partenaire, de sentir qu'elle apprécie autant leurs étreintes que lui. Or, très souvent, les hommes abandonnent la partie car ils croient à tort que leur compagne ne s'intéresse guère au sexe. Cette méprise est très courante tant que l'on ne comprend pas que les hommes et les femmes « fonctionnent » sexuellement de manière différente.

Sachez, messieurs, qu'une femme apprécie tout autant le sexe – réussi, bien sûr – qu'un homme. Mais à l'inverse de lui, elle ne peut ressentir ses pulsions sexuelles qu'une fois son besoin d'amour satisfait. Dès lors qu'elle se sent aimée et préférée aux autres femmes, son cœur s'ouvre et sa sensualité s'éveille. Elle ressent alors un désir aussi intense – voire plus intense – que celui que son partenaire peut éprouver. Certes, à ses yeux, l'amour importe bien plus que le sexe, mais une fois son besoin d'amour comblé, le sexe prend une immense importance.

> **Les femmes apprécient tout autant le sexe que les hommes, mais leur excitation résulte d'un processus plus complexe.**

Il n'est pas indispensable pour qu'une femme libère ses désirs sexuels profonds qu'elle se sache à proprement parler aimée, mais il faut impérativement qu'elle sente que cette possibilité existe.

L'homme fonctionne en règle générale de manière beaucoup plus simple : pour lui, l'occasion fait le larron et il lui suffit de se trouver au bon endroit dans des circonstances adéquates pour se sentir excité. Au début d'une relation amoureuse, le désir sexuel est donc beaucoup plus automatique et rapide chez lui que chez sa partenaire.

Au début d'une relation amoureuse, le désir sexuel est beaucoup plus automatique et rapide chez l'homme que chez la femme.

Disparités chimiques

Sur le plan physiologique, il en est de même. Les hormones mâles responsables de l'excitation sexuelle masculine s'accumulent rapidement et sont rapidement évacuées après l'orgasme, tandis que chez la femme, le plaisir monte beaucoup plus doucement et perdure plus longtemps après l'orgasme.

Chez la femme, l'excitation débute lentement, bien avant l'apparition du désir physique. Avant d'aspirer à des stimuli sexuels, elle commence par se sentir désirable. Sa sensualité s'éveille et se réchauffe au contact de son partenaire. Elle se sent attirée par lui et apprécie de passer du temps auprès de lui. Il peut s'écouler plusieurs jours avant qu'elle souhaite donner à leurs rapports un tour plus intime.

Chez la femme, l'excitation débute lentement, bien avant l'apparition du désir physique. Il est difficile pour un homme de comprendre ses besoins spécifiques car lui vit sa sexualité différemment.

Or quand un homme ressent une attirance amoureuse, elle prend immédiatement une tournure sexuelle. Attendre plusieurs jours avant de passer aux actes lui demande un effort considérable. Il est difficile pour lui de comprendre les besoins spécifiques de sa partenaire tant il vit sa sexualité différemment.

Ainsi, un homme qui rentre de voyage éprouve-t-il souvent l'envie de faire l'amour tout de suite tandis que son épouse préférerait prendre le temps de bavarder un peu et de refaire connaissance avec lui. S'ils ne comprennent pas que cela résulte d'une différence de « fonctionnement » sexuel, lui risque d'en déduire qu'elle le rejette et elle, de penser qu'il la considère comme un objet de plaisir et de se sentir utilisée.

Au début d'une relation, un homme saisit assez bien qu'une femme préfère attendre un peu avant d'avoir des rapports sexuels avec lui. Mais il ignore souvent qu'elle continue par la suite à avoir besoin de se sentir aimée pour ressentir un désir sexuel. Ce soutien émotionnel est en quelque sorte le prix à payer pour accéder à son lit ! Or, comme ses propres besoins émotionnels sont bien moins grands, l'homme ne perçoit pas l'importance que revêtent ceux de sa compagne.

« Les hommes ne s'intéressent qu'à une seule chose »

Les femmes pensent souvent que les hommes ne s'intéressent qu'à une seule chose – le sexe – alors qu'en réalité, ils aspirent tout autant qu'elles à aimer et être aimés. Seulement, de même qu'une femme a besoin d'amour pour s'ouvrir au sexe, un homme a besoin de sexe pour s'ouvrir à l'amour. Pour pouvoir ouvrir son cœur à l'amour de sa partenaire, un homme doit d'abord être sexuellement excité.

Tout comme une femme a besoin d'amour pour s'ouvrir au sexe, un homme a besoin de sexe pour s'ouvrir à l'amour.

En clair, une femme a besoin d'être *d'abord* comblée sur le plan émotionnel pour désirer un contact sexuel tandis que son partenaire sera, lui, en grande partie comblé sur le plan émotionnel *par* le rapport sexuel lui-même. Les femmes comprennent rarement cette distinction.

Elles ignorent aussi que si un homme est tellement impatient de passer au lit, c'est parce que cela lui permet de se reconnecter avec ses sentiments. En se concentrant toute la journée sur son travail, il a en effet perdu tout contact avec son moi émotionnel. Le sexe refait de lui un être complet. C'est grâce à lui que son cœur s'ouvre et donc par lui qu'il peut le mieux donner et recevoir de l'amour.

Dès lors qu'une femme commence à comprendre cette spécificité masculine, elle considère le sexe d'un œil totalement nouveau. Au lieu d'assimiler le désir masculin à une pulsion primaire dépourvue de tout lien avec l'amour, elle le voit comme une façon pour l'homme d'aimer. Et ses réactions à l'égard de ce qu'elle percevait jusqu'alors comme une obsession sexuelle changent du tout au tout.

Pourquoi les hommes ont besoin de sexe

Les hommes ont besoin de sexe pour retrouver leurs sensations. Pendant des millénaires, ils ont dû juguler leur sensibilité, leurs émotions et leurs sentiments afin de s'adapter à leur rôle traditionnel. La société attendait d'eux qu'ils protégent et nourrissent leur famille sans s'attarder à explorer leur cœur. Écouter leurs sentiments et leur sensibilité n'aurait d'ailleurs pu que les handicaper dans leur tâche.

Les hommes ont besoin de sexe pour éprouver des sensations.

Un homme qui partait au combat sous un soleil de plomb ou arpentait seul la forêt muni d'un simple arc par un froid glacial avait tout intérêt à oublier ses sentiments. Pour s'adapter à ces conditions de vie extrêmement rudes, nos ancêtres mâles se sont peu à peu désensibilisés. Cette évolution est particulièrement évidente si l'on compare la peau d'un homme à celle d'une femme : la seconde est dix fois plus sensible que la première.

Pour supporter la douleur, les hommes ont appris à faire taire leurs émotions. Mais en s'endurcissant ainsi, ils ont aussi perdu leur capacité à éprouver du plaisir ou de l'amour. Pour beaucoup d'hommes le sexe est donc l'un des rares moyens dont ils disposent pour éprouver quelque chose – comme s'écraser un doigt avec un marteau ou regarder un match de football ! – et c'est sûrement celui qui leur procure les sensations les plus intenses. Quand un homme est excité, il redécouvre l'amour caché au fond de son cœur. En somme, il retrouve son âme.

Pourquoi les femmes ne le comprennent pas

Les femmes le comprennent mal parce qu'elles-mêmes ont des besoins différents. Elles ont avant tout besoin de se sentir suffisamment en sécurité sur le plan émotionnel pour pouvoir parler de leurs sentiments. C'est quand une femme se sent soutenue dans le cadre de son couple qu'elle peut redécouvrir l'amour qui l'habite. Ses besoins émotionnels ainsi satisfaits, alors – et seulement alors –, elle peut laisser resurgir ses besoins sexuels.

De ce fait, elle s'étonnera de voir son partenaire lui faire des avances sexuelles alors qu'ils n'ont pas échangé trois mots depuis son retour ou après qu'il l'a ignorée pendant plusieurs jours. Incapable de deviner que le désir sexuel de son compagnon exprime son envie de se rapprocher d'elle et de lui faire partager son amour, elle en déduit à tort qu'il ne se soucie guère de la qualité de leur relation. Et le malentendu s'installe.

En vérité, se montrer réceptive aux avances d'un homme est la meilleure preuve d'amour que sa partenaire puisse lui donner. Le sexe est le plus puissant outil dont elle dispose pour raviver les sentiments de son partenaire à son égard. N'oubliez pas que le sexe compte autant aux yeux d'un homme que la communication à ceux d'une femme. Bref, quand votre mère vous répétait que le plus sûr chemin vers le cœur d'un homme passait par son estomac, elle se trompait...

d'environ vingt centimètres (il passe surtout par son sexe).

> **Quand votre mère vous répétait que le plus sûr chemin vers le cœur d'un homme passait par son estomac, elle se trompait... d'environ vingt centimètres.**

Ce dont les hommes ont besoin

Un homme se sent puissant et choyé lorsqu'on l'apprécie, qu'on l'accepte et qu'on lui fait confiance. Voir sa partenaire sexuellement excitée par ses soins lui apporte une mégadose de ce dont il a le plus besoin, car c'est quand une femme aspire à un rapport sexuel qu'elle se montre le plus ouverte et confiante. Elle est prête à abaisser toutes ses défenses de la manière la plus spectaculaire qui soit, non seulement en révélant à son partenaire sa nudité, mais en l'accueillant dans son corps et dans son être mêmes. Un homme désiré de la sorte se sent merveilleusement accepté. Et lorsque chacune de ses caresses éveille en sa compagne une réaction positive et empreinte de plaisir, il se sent grandement apprécié. Il a la preuve tangible et physique qu'il la rend heureuse.

Voilà pourquoi un homme accueilli avec tendresse après une journée stressante par une femme qui, se sentant aimée et soutenue, se donne à lui sans retenue retrouvera un second souffle. On pourrait croire que c'est le sexe qui le ragaillardit, mais en réalité, celui-ci lui restitue simplement sa capacité à éprouver des émotions et à recevoir l'amour que sa femme lui porte.

Reconnecté avec son moi émotionnel, il redevient un être complet. Tel le voyageur assoiffé égaré dans le désert, il peut enfin se détendre et se désaltérer longuement à l'oasis de ses sentiments.

Tel le voyageur assoiffé égaré dans le désert, l'homme sexuellement repu peut enfin se détendre et se désaltérer longuement à l'oasis de ses sentiments.

En caressant puis en pénétrant le corps doux et chaud de sa partenaire, il établit un contact avec sa propre douceur et sa propre chaleur, tout en demeurant dur et viril. Contrôler sa passion lui permettra de s'ouvrir peu à peu à des sensations agréables, bien entendu, mais aussi à la joie plus profonde d'aimer et d'être aimé en retour.

Ce qui rend le sexe fantastique

C'est au cours de ma cinquième année de mariage avec Bonnie que j'ai commencé à comprendre vraiment ce qui rend le sexe fantastique.

Un jour où nous venions de faire l'amour de manière particulièrement agréable, j'ai dit : « Mmm, c'était vraiment bon. J'ai adoré cela. J'en ai adoré chaque instant. C'était aussi bon qu'au début de notre relation... »

Je m'attendais à ce que Bonnie opine du chef ou réponde quelque chose comme : « Oui, c'était génial », mais je la vis un peu perplexe.

— Tu n'es pas d'accord ? lui ai-je alors demandé.

— En fait, j'ai trouvé que c'était beaucoup mieux qu'au début, me répondit-elle calmement.

Je me mis aussitôt à réfléchir. Que voulait-elle dire ? Qu'elle simulait, au début de notre relation ? Qu'elle n'avait pas trouvé nos premières semaines ensemble remarquables ? Comment pouvait-elle faire un tel commentaire ?

Bonnie a poursuivi : « Au début, quand nous venions de nous rencontrer, notre vie sexuelle était merveilleuse, seulement nous ne nous connaissions pas vraiment. Maintenant, quand tu me fais l'amour, tu sais qui je suis. Tu connais mes plus grandes qualités mais aussi mes pires défauts et tu me désires et tu m'aimes malgré tout. À mes yeux, c'est ce qui donne toute leur dimension à nos rapports sexuels. »

La justesse de son explication m'a frappé. C'est l'amour qui rend le sexe fantastique. Mieux nous connaissons une personne, plus notre intimité et notre amour s'approfondissent, plus notre vie sexuelle peut s'enrichir.

Au fil des années, ma perception de la sexualité avait changé tout comme celle de Bonnie, mais si progressivement que je ne m'en étais pas aperçu. En prendre conscience m'a permis de concentrer mes efforts pour accroître encore notre plaisir mutuel. Le prochain chapitre sera consacré à l'art d'améliorer sans cesse sa vie sexuelle.

2
Sexe et passion

Sans passion, les rapports sexuels deviennent vite routiniers et ennuyeux. Or la passion ne dure pas... croit-on. En réalité, un couple qui s'aime et qui apprend les techniques amoureuses développées au cours de ce livre peut conserver toujours une relation passionnée et épanouissante. Au lieu de voir son attirance pour elle s'émousser au fil des ans, l'homme sera de plus en plus excité par la vision du corps dénudé de sa femme et par le contact de sa peau. Au-delà de la simple excitation physique et du plaisir que procure une sexualité de plus en plus intense, il découvrira aussi que l'amour, la tendresse, la passion et la sensualité qu'il éprouve et qu'il apporte à sa partenaire vont s'accroissant. Cette prise de conscience portera leur plaisir à des niveaux encore jamais atteints.

Une femme aime à sentir les flammes de la passion qui habite son partenaire. Le désir persistant qu'il lui témoigne la ravit. Leurs rapports sexuels se font actes d'amour et deviennent pour elle l'occasion de lui exprimer ses sentiments de la manière qui le touche le plus tout en accueillant au plus profond de son être ceux qu'il lui voue en retour.

De bonnes techniques amoureuses aident également

les hommes à comprendre que faire l'amour n'est pas seulement aimer leur partenaire, mais aussi recevoir l'amour dont ils ont besoin. Le désir physique se double d'une envie d'exprimer son amour et de se rapprocher d'elle. Inutile alors pour l'homme de fantasmer sur une femme imaginaire, car il sait réellement qui il aime.

Le sexe devient merveilleux quand il participe d'un acte d'amour partagé et que les sentiments sur lesquels il repose ne cessent de croître. Pour s'épanouir sur le plan sexuel, une femme doit avant tout, rappelons-le, se sentir soutenue sur le plan émotionnel. Ce qui ne dispense pas son conjoint d'apprendre à satisfaire ses besoins sexuels spécifiques.

> **Pour s'épanouir sexuellement, une femme doit avant tout se sentir soutenue sur le plan émotionnel, ce qui ne dispense pas son conjoint d'apprendre à satisfaire ses besoins sexuels spécifiques.**

Comment enrichir sa vie sexuelle

Tout couple est à même d'enrichir sa vie sexuelle. Il lui faut pour cela – comme pour toute autre activité – se procurer de nouvelles informations et les mettre en pratique.

La plupart des hommes n'ont jamais appris à faire l'amour. Dès qu'il est physiquement apte à éprouver une excitation sexuelle et à se masturber, un homme est supposé se muer instantanément en expert ès étreintes. Or, si nous savons en général pénétrer une femme et atteindre l'orgasme en deux minutes chrono, l'art de faire jouir notre partenaire est une tout autre affaire... Pourquoi, d'ailleurs, les hommes sauraient-ils d'instinct ce qui plaît aux femmes alors qu'ils ne sont pas des femmes ? L'épanouissement sexuel d'un couple passe donc par l'apprentissage par l'homme du corps féminin et de ce qui excite une femme.

Pourquoi les hommes sauraient-ils d'instinct ce qui plaît aux femmes alors qu'ils ne sont pas des femmes ?

Il est d'autant plus délicat pour un homme de découvrir ce qui emmène réellement une femme au septième ciel qu'il est supposé le savoir déjà ! Nombre d'entre nous pensent d'ailleurs posséder les connaissances nécessaires pour y parvenir. Nous croyons à tort que ce qui nous procure du plaisir en donne aussi à notre compagne. Et si nous ne parvenons pas à la satisfaire, loin de remettre notre technique en cause, nous en déduisons que le problème vient d'elle. Bref, nous ne comprenons pas qu'au lit, les besoins d'une femme sont totalement différents de ceux d'un homme.

L'homme ne comprend pas d'instinct combien les besoins sexuels d'une femme sont différents des siens. Il croit à tort que ce qui lui procure du plaisir en donnera aussi à sa partenaire.

La première expérience sexuelle

Je me rappelle très clairement ma « première fois ». Après en avoir longuement discuté, ma partenaire et moi avions décidé de perdre ensemble notre virginité. N'écoutant que mon excitation et mon instinct de mâle, j'ai brûlé les étapes, tel un sprinteur, pour parvenir au plus vite au but ultime de l'exercice. Sans m'attarder à l'embrasser, je suis aussitôt passé à des caresses précises avant de la pénétrer dès que possible et de faire en sorte d'atteindre l'orgasme dans les meilleurs délais.

J'ai rapidement constaté que ma partenaire adoptait une démarche à l'opposé de la mienne. Au lieu de cibler ma zone la plus érogène, elle semblait prendre un malin plaisir à la contourner. Ses mains se promenaient lentement le long de mes cuisses, de mon torse, de mes bras, de mon dos : bref, partout, sauf là où je souhaitais vraiment les sentir. Où voulait-elle en venir ? Agacé par ses tergiversations, je lui ai alors pris la main et l'ai fermement guidée vers mon entrejambe. « Caresse-moi *là* », ai-je exigé.

Les femmes ralentissent tandis que les hommes accélèrent

Trop inexpérimenté pour comprendre ce qui motivait les gestes de ma première partenaire, j'ai cru qu'elle cherchait à me torturer. Peu m'importait qu'elle caresse le reste de mon corps car un seul endroit m'intéressait ! Quand j'en ai su un peu plus long sur les femmes et sur leur sexualité, j'ai compris que mon amie m'avait tout simplement fait ce qu'elle souhaitait que je lui fisse – et vice versa, d'ailleurs.

Les hommes ne devinent pas d'instinct les caresses qui plaisent aux femmes et, même quand ils en entendent parler, tendent à les oublier. Tous les livres et toutes les chansons évoquant le sexe disent pourtant la même chose : les femmes préfèrent les amants qui prennent leur temps. Malheureusement, l'excitation sexuelle pousse un homme à accélérer automatiquement le mouvement puisque lui a envie d'aller plus vite. Et, si nul ne lui a expliqué qu'il n'en est rien, il tient pour acquis que sa partenaire partage ce désir. Il n'imagine même pas le plaisir supplémentaire qu'il pourrait lui apporter s'il faisait l'effort de se retenir et de se retenir encore.

> **Les femmes préfèrent les amants qui prennent leur temps.**

En suivant son instinct, l'homme donne donc à sa partenaire le genre de stimulation dont lui-même rêve, mais pas du tout celle dont elle a besoin. Leur vie sexuelle prendra une dimension nouvelle s'il s'ouvre aux besoins spécifiques de sa compagne et si celle-ci fait l'effort de l'aider à apprendre à mieux la satisfaire.

En quoi la sexualité de l'homme diffère de celle de la femme

Le sexe est une expérience très différente suivant que l'on est un homme ou une femme. Pour un homme, la jouissance s'apparente avant tout à une *délivrance* après une phase de tension sexuelle. Pour la femme, c'est l'inverse qui se produit. Son plaisir correspond à une *montée en puissance* progressive de la tension sexuelle. Plus elle a le loisir de ressentir cette envie de faire l'amour, plus le rapport en lui-même la satisfera.

> **Pour un homme, la jouissance s'apparente avant tout à une *délivrance* après une phase de tension sexuelle. Le plaisir féminin, lui, correspond à une *montée en puissance* progressive de la tension sexuelle.**

La testostérone, l'hormone sexuelle mâle, pousse l'homme à rechercher d'abord l'orgasme. Dès le début de son érection, il cherche instinctivement à se défaire au plus vite de la tension qui monte en lui. Le plaisir qu'il retire d'un rapport sexuel résulte au premier chef du relâchement qui le conduit à l'orgasme et dont celui-ci fait partie intégrante.

La première différence fondamentale entre la sexualité masculine et la sexualité féminine se situe sur le plan biologique. À l'inverse d'une femme, dont les sécrétions vaginales sont suscitées par l'excitation sexuelle, l'homme possède en permanence un réservoir de sperme. Il est d'emblée prêt à éjaculer. D'une certaine façon, en faisant l'amour, il cherche à se « vider », alors que sa partenaire souhaite plutôt être « remplie ».

Le désir qu'éprouvent les hommes d'être immédiatement caressés aux endroits les plus sensibles et de rendre la pareille à leur partenaire est logique. L'excitation sexuelle leur venant facilement, ils n'ont pas besoin de prendre leur temps. Ils attendent uniquement d'une femme qu'elle les aide à se délivrer de leur désir. D'une certaine façon, un rapport sexuel est pour l'homme surtout le moyen de *mettre fin* à son excitation, tandis que sa partenaire, à l'inverse, s'attachera à la *prolonger* au maximum pour mieux libérer ses désirs les plus profonds.

La femme savoure en effet la capacité de son amant d'éveiller lentement ses sens et son envie d'être caressée aux endroits les plus sensibles. Elle s'ouvre comme une fleur au soleil et aspire à lui dévoiler les profondeurs de sa sensualité. Pendant que son partenaire rêve de satisfaction sexuelle immédiate, elle prend plaisir à sentir son propre désir grandir.

Pourquoi les hommes aspirent à la délivrance

Dès qu'un homme touche la peau tendre d'un sein féminin, le velouté de sa cuisse ou la chaleur de son vagin humide, il sent déjà en lui les prémices du plaisir et de l'amour. Ce contact avec la douce féminité de sa partenaire lui permet de se connecter à sa propre douceur tout en demeurant dur, concentré et masculin.

La sensualité fait partie de son être, mais il en prend surtout conscience lorsqu'il caresse le corps de sa compagne et constate quel plaisir il lui procure. Faire l'amour réveille tous ses sens.

Par exemple, je remarque beaucoup plus la beauté des arbres de mon quartier ou la pureté de l'air juste après une étreinte torride. J'ai l'impression d'être soudain plus vivant. Lorsque je travaille, je me sens vivant aussi, mais faire l'amour à ma femme réveille en moi une sensibilité souvent endormie par la concentration inhérente à la vie professionnelle. En somme, bien faire l'amour m'aide à mieux apprécier le parfum des fleurs.

Plus un homme doit faire taire ses sentiments au quotidien, plus il aura besoin de sexe pour éprouver de nouveau des sensations et ouvrir son cœur. En faisant l'amour, il ne recherche plus uniquement le plaisir, mais aussi l'amour. Même s'il n'en a pas conscience, le désir qui l'habite constamment exprime en réalité la faim de plénitude de son âme. Celle-ci cherche à fertiliser le désert d'une vie gouvernée par la logique et le cerveau en l'unissant à la terre luxuriante, sensuelle, chatoyante et parfumée du cœur.

Le constant besoin de sexe des hommes exprime en réalité la faim de plénitude de leur âme. Celle-ci cherche à fertiliser le désert d'une vie gouvernée par la logique et le cerveau en l'unissant à la terre luxuriante, sensuelle, chatoyante et parfumée du cœur.

Une fois son besoin de prodiguer et de recevoir des caresses sexuelles satisfait, l'homme sent sa capacité d'*éprouver* grandir automatiquement. Son être sensible s'éveille, libérant une immense énergie, et il peut de nouveau ressentir la joie, l'amour et la paix.

Le plaisir sexuel

Avant le début du rapport sexuel proprement dit, l'homme aspire à pénétrer sa partenaire. Son pénis durci et en érection est totalement concentré et tendu dans l'attente d'accéder au saint des saints féminin. Quand il entre en elle, s'enfonçant dans son vagin, son plaisir s'intensifie fortement car sa tension sexuelle se relâche pour un temps.

Sentir son pénis momentanément entouré et massé de toutes parts par le vagin chaud et humide de sa partenaire nourrit tout son être. Soudain, il se voit téléporté hors du monde aride de la logique et accède à l'univers douillet des sensations et des sentiments.

Pendant l'amour, l'homme se sent téléporté hors du monde aride de la logique et accède à l'univers douillet des sensations et des sentiments.

Le pénis est le plus sensible de tous les organes masculins. Le caresser, c'est caresser l'homme tout entier, le calmer, l'exciter ou l'électriser. Les sentiments d'amour et d'attachement que son esprit rationnel écarte si aisément se réveillent tout à coup sous l'effet du plaisir sexuel.

En pénétrant sa partenaire, l'homme éprouve l'immense satisfaction d'avoir atteint son objectif. Sa tension se relâche, provoquant aussitôt un nouvel afflux de sentiments.

Après avoir dûment apprécié cette phase de détente momentanée, il se retire pour éprouver un regain de tension, puis replonge en sa partenaire pour calmer cette tension. Ce mouvement de va-et-vient intensifie son désir et exacerbe de ce fait les sentiments que procurent les phases de détente. Ainsi la tension va-t-elle croître en lui jusqu'à la délivrance finale.

Comment un homme ressent l'amour

Un homme est libre de se laisser aller à éprouver des sentiments une fois qu'il a atteint son objectif. Son côté masculin ayant accompli son œuvre avec succès, il peut libérer son côté féminin et sa sensibilité. S'il a su à la fois satisfaire ses propres désirs et combler sa partenaire, il pourra mieux encore se détendre et laisser un profond sentiment de paix, d'amour et de bonheur l'envahir. D'une certaine manière, lorsque lui et sa partenaire ont tous deux atteint l'orgasme, il a l'impression d'avoir bien fait son travail et s'en sent amplement récompensé par l'appréciation et l'amour qu'elle lui témoigne.

En l'aidant à jouir la première, l'homme permettra à

sa compagne d'accueillir de manière optimale son orgasme à lui. Ayant elle-même pris son plaisir, elle sera au sommet de son amour et de sa réceptivité à l'égard de son partenaire au moment où lui jouira à son tour. Leur union n'en sera que plus étroite et plus tendre. Quel que soit le degré d'amour que sa partenaire lui porte, c'est dans ces instants précieux qu'il pourra le mieux recevoir cet amour.

Quel que soit le degré d'amour que sa partenaire lui porte, c'est à l'instant précieux de l'orgasme qu'un homme peut le mieux recevoir cet amour.

Ces secondes d'extase le stimulent tout particulièrement s'il la sait comblée et satisfaite de lui. Plus qu'à aucun autre moment, il peut se laisser envahir par son amour, sentir celui qu'il éprouve au plus profond de son cœur et réaffirmer son attachement à sa partenaire et à leur couple.

Le cœur d'un homme s'ouvre à l'amour pendant l'orgasme. Il prend alors la pleine mesure de la profondeur de son amour et de son attachement à sa partenaire.

La thérapie par l'épanouissement sexuel

Tous les ressentiments qu'un homme peut éprouver s'effacent comme par magie avec un rapport sexuel éblouissant. Le sexe – réussi – est la meilleure des thérapies pour les hommes. Une bonne communication entre partenaires est comme chacun sait la clé d'une relation de couple réussie et conduit en général à une sexualité épanouissante, mais ce n'est pas toujours le cas. Il s'avère parfois nécessaire de recourir à une thérapie ou à un conseiller conjugal pour remettre un couple en situation de partager des étreintes épanouissantes. Mais une fois cette étape franchie et dès lors que les deux partenaires ont compris comment préserver leur bonne entente physique, tout ira bien pour l'homme et la magie de la passion ne sera plus en péril.

En l'absence de rapports passionnés réguliers, un homme oublie facilement combien il aime sa partenaire. Même s'il lui souhaite tout le bien du monde et se montre affectueux et poli envers elle, il ne ressent plus le lien profond qui les unissait au début de leur relation. Et, peu à peu, les petites imperfections de sa compagne lui paraîtront de plus en plus criantes. À l'inverse des femmes, qui ont besoin d'exprimer leurs sentiments pour se sentir plus aimantes, les hommes obtiennent ce résultat par le biais du sexe.

Ce qui ne doit pas conduire à négliger l'importance d'une sexualité épanouissante pour les femmes aussi. Une femme insatisfaite sur le plan physique finit inévitablement par se durcir. Elle flanche sous le poids des responsabilités qui reposent sur elle car elle ne se croit pas seulement tenue de prendre soin d'elle-même, mais aussi de son partenaire. Ce faisant, elle en vient facilement à oublier ses désirs sensuels et sexuels spécifiques. Et sans le tendre soutien de son compagnon, elle a l'impression de ne plus avoir une minute à elle.

Pourquoi les femmes savourent leur désir

Plus une femme consacre d'énergie au quotidien à prendre soin des autres et à leur donner d'elle-même, moins elle se préoccupe d'elle-même et de sa propre sensualité. Bien des femmes sont ainsi plus réceptives aux sentiments d'autrui qu'à leurs propres sentiments.

Tout comme un homme oublie parfois qu'il éprouve des sentiments, elle perd conscience de ses aspirations et de ses désirs sexuels. Le train-train quotidien prend le pas sur ses pulsions plus profondes et plus sensuelles. Et plus elle est débordée et sous pression, plus il lui est difficile de se détendre et d'apprécier les plaisirs de l'existence.

> **Tout comme un homme oublie parfois qu'il éprouve des sentiments, il arrive à une femme d'oublier ses aspirations et ses désirs sexuels. Le train-train quotidien prend le pas sur ses pulsions plus profondes et plus sensuelles.**

C'est en se montrant tendre et attentif envers sa compagne qu'un homme permettra à celle-ci de se retrouver. Temporairement délivrée de la nécessité de se consacrer aux autres, elle pourra laisser resurgir ses besoins sexuels. Il suffira que son partenaire se montre romantique et la choie, comblant ainsi son côté féminin, pour qu'elle s'ouvre automatiquement à sa sensualité. En lui apportant ainsi son assistance, son partenaire l'aide à percevoir ses désirs et à les sentir s'intensifier. Il doit apprendre à le faire spontanément. Tout se passe en effet comme si une femme ne découvrait qu'elle aspirait à un tel soutien masculin qu'au moment où elle le reçoit.

Lorsque par exemple un homme laisse ses mains s'aventurer près d'une zone érogène de sa partenaire, puis s'écarte pour mieux revenir, puis s'éloigne de nouveau, elle éprouvera un désir croissant d'être caressée de manière plus intense. L'amant expert sait diriger ses attentions vers les endroits que sa partenaire voudra à terme lui voir toucher et reculer dès qu'il en approche, exacerbant son désir de le voir préciser sa caresse. Il joue avec ses sens, cédant un brin, puis se retirant.

En effleurant ainsi les zones non érogènes entourant les régions les plus secrètes de son corps, un homme inspire à sa partenaire l'envie de le sentir caresser ses zones érogènes.

Au cours d'un rapport sexuel épanouissant, le désir de la femme grandit progressivement. Au début, elle peut ne ressentir qu'un désir léger ou faible, mais à mesure que celui-ci est satisfait et que sa tension sexuelle se libère, une ardeur accrue l'envahit. Et si ses désirs continuent à être comblés, son excitation ira augmentant encore et encore. Cette alternance de phases de tension et de détente lui permet de ressentir avec une force croissante son besoin de se fondre en son partenaire avant de le laisser exploser en un orgasme.

Le secret d'une relation sexuelle épanouissante consiste pour un homme à taquiner les sens de sa femme afin d'intensifier son désir sexuel. Nous explorerons dans le prochain chapitre l'art et la manière de procéder.

3
Comment rendre une femme folle de plaisir

Les femmes apprécient bien plus une conversation si l'on n'exige pas d'elles qu'elles aillent droit au but. Elles préfèrent, pour se détendre ou pour se rapprocher de quelqu'un, tourner autour du pot pendant un certain temps pendant qu'elles déterminent peu à peu ce qu'elles veulent réellement dire. C'est là une parfaite métaphore de l'approche féminine des rapports sexuels. Une femme apprécie qu'un homme prenne son temps avant de toucher à son but et qu'il commence par tourner autour.

Tant que son désir et son excitation ne sont pas forts, une femme préfère être caressée de manière indirecte. Par exemple, avant de poser ses mains sur ses seins, l'homme doit d'abord décrire des cercles autour d'eux, en s'en rapprochant petit à petit. Puis, lorsqu'il est sur le point de les toucher, il doit éloigner ses doigts, les poser ailleurs et recommencer le même processus.

À l'inverse de l'homme, la femme goûte peu la stimulation directe et immédiate de ses points les plus sensibles. Elle préfère que son amant joue avec son corps et la guide lentement vers les caresses plus précises auxquelles elle aspire au fond d'elle-même. Ainsi, elle appréciera qu'en lui ôtant son soutien-gorge, il commence parfois par laisser courir un doigt tentateur le long de la doublure, ou baisse doucement une bretelle pour découvrir un sein, puis la remette en place pour frôler une autre partie de son corps.

Une femme aime que son amant joue avec son corps et la guide lentement vers les caresses plus précises auxquelles elle aspire au fond d'elle-même.

Pour taquiner sa partenaire, un homme peut adopter la technique du « un pas en avant, deux pas en arrière ». En répétant ce processus, il est assuré d'enflammer ses sens, ce qui lui procurera à lui aussi un immense plaisir. Savoir ce qui excite sa compagne et contrôler sa propre passion lui donne un pouvoir exaltant, celui de rendre une femme folle de plaisir.

Une femme a besoin de se relaxer

Les hommes comprennent en général mal le besoin qu'ont les femmes d'entamer un rapport sexuel lentement, en se relaxant progressivement, car eux sont d'emblée fin prêts pour l'action. De plus, dans la mesure où ils recherchent l'orgasme pour se détendre, il leur paraît étrange que leur partenaire souhaite se détendre *avant* le rapport sexuel. Pourtant, contrairement aux hommes, la plupart des femmes ne sauraient éprouver de plaisir sexuel que si elles ont d'abord décompressé. Il leur faut d'abord se relaxer afin de prendre conscience de la part d'elles-mêmes qui éprouve le besoin d'être comblée.

Les jeux amoureux et les préliminaires leur donnent l'occasion de le faire et les aident à se libérer de leurs inhibitions. Des contacts physiques lents, rythmés et imprévisibles, frôlant, effleurant ou massant doucement ses zones non érogènes éveillent peu à peu en une femme le désir croissant de sentir les caresses de son partenaire sur les parties les plus sensibles de son corps.

Les livres traitant du sexe donnent fréquemment aux femmes le judicieux conseil de se préparer à l'amour en prenant un long bain chaud et parfumé dans une salle de bains aux lumières tamisées. Avant que j'aie compris combien la sexualité masculine et la sexualité féminine différaient, cette recommandation me laissait perplexe car pour ma part, après un bain chaud, je n'aspire plus qu'à m'assoupir ! À présent, je conçois mieux qu'une femme puisse tirer parti de la détente induite par un long bain.

Pour exciter une femme, un bon amant veillera à respecter deux principes de base : la relaxation et la douceur. C'est en parcourant de ses mains et de ses lèvres le corps de sa partenaire qu'il réveillera ses zones les plus érogènes et le désir de le sentir approfondir ses caresses.

Un amant sachant prendre son temps

Quand je demande aux femmes ce qu'elles attendent avant tout d'un homme, elles me répondent bien souvent qu'elles aiment qu'il sache *prendre son temps*. Avec un amant patient, le plaisir de la femme grandit lentement si bien que lorsque les doigts et la langue de son partenaire se posent enfin sur ses seins, leurs mamelons durcis appellent ses caresses. Quand il glisse le long de la face interne de ses cuisses pour atteindre son sexe, son clitoris et son vagin, elle est déjà chaude et humide et prête à l'accueillir. Une telle stimulation fait monter le plaisir du plus profond de son être.

Pour l'homme, les choses sont différentes. Tout contact direct avec son pénis augmente grandement son plaisir. Beaucoup de femmes l'ignorent et frustrent leur partenaire en attendant trop longtemps pour toucher et masser ses organes génitaux. Si de telles caresses lui paraissent par trop directes, une femme peut commencer par soulager l'impatience de son partenaire en pressant simplement son corps contre son sexe durci.

Les femmes doivent se rappeler que ce sont les caresses directes qui procurent le plus de plaisir à un homme.

À cause de cette différence fondamentale, prendre son temps n'est pas une tendance naturelle de l'homme. Il lui faut donc s'y entraîner. Dès qu'il verra le bonheur qu'il procure ainsi à sa partenaire, son instinct intégrera cette donnée et cela lui paraîtra plus facile. Il lui faudra cependant toujours garder présent à l'esprit que pour intensifier le plaisir de sa partenaire, il doit attendre avant de passer aux caresses directes. Procéder de cette manière lui prendra plus longtemps et il aura parfois l'impression de ne pas progresser d'un pouce, mais au bout du compte, sa partenaire éprouvera une jouissance décuplée. Et lui aussi.

Un homme doit se rappeler que pour intensifier le plaisir de sa partenaire, il doit attendre avant de passer aux caresses directes.

Décrire des cercles autour de la porte du temple

Il existe des temples antiques consacrés à l'adoration du principe féminin du Créateur. Le rituel de l'un d'eux prescrit de contourner trois fois le temple avant d'en franchir le seuil. Il faut adopter la même tactique pour faire l'amour à une femme.

Avant de caresser ou de pénétrer une zone sensible, l'homme doit préparer sa partenaire. Par exemple, au lieu d'introduire immédiatement sa langue dans la bouche de la femme qu'il embrasse – ce qu'elle peut juger trop brutal –, il commencera par l'embrasser légèrement à plusieurs reprises. Puis, quand il la sentira s'ouvrir à ses caresses, il glissera doucement sa langue entre ses lèvres. Décrire un mouvement circulaire à l'intérieur de la bouche de sa partenaire avant de l'y plonger plus profondément procure une sensation délicieuse.

Pour caresser les seins d'une femme, puis ses mamelons, il faut également commencer par décrire des cercles autour d'eux. Au lieu de poser directement sa main sur le sein ou sur le mamelon, on frôlera d'abord l'épaule en descendant vers le sein, puis on remontera et ainsi de suite, afin de s'en approcher de plus en plus par des mouvements réguliers. Une fois arrivé au sein, l'homme peut par exemple bouger la main d'avant en arrière en soutenant le sein un peu à la manière d'un soutien-gorge, puis imprimer à son poignet un léger mouvement rythmique de balancier. Après quoi, il peut promener ses doigts sur tout le sein, puis le presser doucement, puis relâcher, et répéter l'opération encore et encore. Ces caresses permettent d'intensifier et de réduire tour à tour la stimulation tout en l'accroissant régulièrement.

Un petit conseil à tous les hommes : apprenez à ôter le soutien-gorge de votre partenaire. Pour moi, déshabiller une femme relevait autrefois du cauchemar à cause de l'étape fatidique du dégrafage du soutien-gorge, durant laquelle je me sentais aussi maladroit que stupide. J'ai résolu ce problème grâce à un truc simple que je vous livre. Profitez d'une absence de votre femme pour ouvrir le tiroir dans lequel elle range ses sous-vêtements et consacrez cinq minutes à l'examen attentif de ses soutiens-gorge. Il ne vous faudra que quelques instants pour vous transformer en expert. Vous découvrirez qu'il existe trois principaux types de soutiens-gorge : ceux qui ferment par une agrafe classique s'ouvrant latéralement, ceux qui nécessitent un geste vertical et ceux qui s'ouvrent par le devant. Exercez-vous à les dégrafer jusqu'à ce que vous sachiez le faire sans effort d'une seule main. Puis entraînez-vous à le faire les yeux fermés.

La prochaine fois que vous dévêtirez votre partenaire, elle s'émerveillera de votre habileté. Les femmes aiment qu'un homme soit sûr de lui pendant l'amour ; cela les aide à se relaxer pour mieux apprécier ses caresses. Voilà un domaine où exceller est à la portée de tous. Quand un homme sait la déshabiller, une femme se montre d'autant plus réceptive à ses caresses expertes.

Comment intensifier le désir

Pour intensifier le désir de sa partenaire, l'homme peut abandonner un instant les seins pour s'attacher à enflammer une autre partie de son corps, puis revenir choyer sa poitrine. Cette fois, il s'approchera plus près du mamelon et effleurera celui-ci comme par inadvertance. Cela permettra à la femme de prendre conscience de leur sensibilité et d'aspirer à de nouvelles caresses plus audacieuses.

Après cela, l'homme promènera de nouveau ses mains autour des seins. C'est le moment de faire preuve de patience car, à ce stade-là, les contourner à trois reprises ne suffira pas. Il doit contenir son ardeur environ dix fois plus longtemps qu'il ne le ferait s'il suivait son instinct.

Lorsqu'il sera enfin parvenu au mamelon, il le caressera doucement d'avant en arrière, en veillant à toujours se comporter comme s'il disposait de tout son temps. Une fois le mamelon durci, il pourra le lécher lentement ou commencer à le sucer. Il portera l'excitation de sa partenaire à son comble s'il suce ses seins tout en lui caressant le clitoris.

Ôter la petite culotte d'une femme

L'homme ne doit laisser ses mains s'aventurer entre les cuisses de sa partenaire que lorsqu'il la devine déjà humide. Ce peut donc être une bonne idée de commencer parfois à explorer son sexe à travers son slip.

Pour mieux la troubler, l'amant inventif ne se contentera pas toujours de simplement débarrasser sa compagne de son slip. Parfois, il l'abaissera un peu, puis le remettra en place, et ainsi de suite en un jeu coquin.

Il pourra alors commencer à frôler la bordure du sous-vêtement, puis glisser ses doigts sous l'élastique, dans la moiteur de son sexe.

Après avoir vérifié qu'elle est bien humide, il lui ôtera enfin son slip. Il peut aussi, pour réaffirmer le contrôle qu'il exerce sur son désir, retarder encore cet instant.

Au lieu de lui ôter sa culotte, il pourra par exemple la remonter entre ses fesses comme un string pour découvrir celles-ci et les caresser, ou laisser ses mains vagabonder entre les cuisses de sa partenaire.

Même si le désir l'envahit un peu plus à chaque instant, il doit continuer à prendre son temps. Cette retenue et ce *self-control* laisseront à sa partenaire la liberté de se délivrer de ses inhibitions et de se laisser aller.

Enfin, il achèvera de la déshabiller pour se consacrer à la face interne de ses cuisses, puis à son sexe lui-même. Fidèle à la technique que nous prônons depuis le début de ce chapitre, il laissera ses doigts contourner le saint des saints pour mieux l'enflammer. Ce n'est que plus tard qu'il approchera le clitoris.

Toucher son clitoris

Les hommes oublient trop souvent de s'occuper du clitoris de leur partenaire. Beaucoup de mes patientes se plaignent de ce que leur compagnon ne caresse jamais le leur, ou, lorsqu'il s'y essaie, ne trouve pas le point sensible ou ne s'y attarde pas assez. Elles en déduisent fréquemment qu'il ne se préoccupe pas assez de leur plaisir.

Ce jugement est erroné. La plupart du temps, un homme oublie l'étape clitoris parce qu'il ignore combien elle est importante pour sa compagne. Voici un chiffre qui, je pense, aidera mes congénères à se le rappeler : d'après la majorité des études et d'après mes statistiques personnelles (basées sur les récits de mes patientes), quatre-vingt-dix-huit pour cent des orgasmes féminins résultent directement d'une stimulation clitoridienne.

Ce n'est pas par indifférence à la jouissance de leur partenaire que les hommes oublient de caresser son clitoris, mais parce qu'ils ignorent que presque tous les orgasmes féminins résultent d'une stimulation de cet organe.

Imaginez, messieurs, à quoi ressemblerait un rapport sexuel sans aucune stimulation du pénis. Avouez que ce ne serait guère exaltant. Le clitoris joue un rôle tout aussi fondamental dans la sexualité féminine. Si vous omettez de lui consacrer en moyenne cinq à quinze minutes, votre partenaire s'ennuiera entre vos bras et n'aura pas d'orgasme.

Les hommes qui viennent me consulter prétendent en général caresser le clitoris de leur femme pendant cinq à dix minutes. Leurs épouses, elles, parlent plutôt d'une ou deux minutes et encore, pas à chaque fois... À moi de leur expliquer que leur partenaire pense vraiment y consacrer plus longtemps qu'il ne le fait réellement, et de leur enseigner des techniques subtiles propres à les aider à obtenir ce qu'elles désirent. Accepter la propension de l'homme à oublier les besoins spécifiques du sexe opposé est le premier pas dans cette voie. Une femme en colère a en effet bien peu de chances de faire entendre ses requêtes légitimes.

Lui consacrer plus de temps

Je conseille par exemple aux femmes dont le partenaire ne caresse pas leur clitoris assez longuement à leur goût de prendre le relais elles-mêmes. Elles lui transmettront ainsi un message clair sans qu'il se sente pour autant critiqué, corrigé ou contrôlé. Quand il verra l'excitation que cette masturbation procure à sa complice, il prendra l'habitude de consacrer plus de temps à stimuler son clitoris.

Une femme qui n'apprécie pas pleinement la façon dont on la caresse doit en effet le laisser clairement comprendre, au lieu d'attendre patiemment que son partenaire devine seul ce qu'il en est. La meilleure méthode consiste à lui faire une démonstration de ce qu'elle souhaite. Dans ce cas, monsieur, prenez un oreiller pour vous installer confortablement, descendez voir ce qu'elle fait et instruisez-vous !

Pour apprendre à consacrer un temps suffisant à cette étape, l'homme pourra la minuter. Je sais que cela ne paraît guère romantique, mais ça marche ! Consultez discrètement votre réveil de temps à autre. Comme beaucoup d'hommes, vous découvrirez avec stupéfaction que l'excitation sexuelle bouleverse vos repères temporels si bien qu'une caresse qui vous a paru s'étaler sur un quart d'heure n'a en temps réel pas duré plus d'une ou deux minutes.

Une fois ce malentendu dissipé, l'homme pourra décider de consacrer à sa partenaire les cinq à quinze « vraies » minutes indispensables pour qu'elle atteigne le plaisir. Ainsi préparée, elle l'accueillera en elle avec une ardeur accrue.

Stimuler avec adresse

Une amante expérimentée sait commencer par stimuler directement les zones les plus sensibles et érogènes du corps masculin, c'est-à-dire son pénis et ses testicules. Ce faisant, elle éveille en lui l'envie d'être caressé, embrassé et léché sur tout le corps. Elle peut alors utiliser avec succès sur lui tous les jeux amoureux qu'elle-même juge si excitants. Le truc, avec un homme, est de s'occuper d'emblée de son organe le plus sensible et le plus affamé de caresses.

L'amant expérimenté, lui, s'attachera d'abord aux zones les moins sensibles et les moins érogènes du corps de sa partenaire. Il pourra commencer par toucher ses cheveux, l'embrasser sans la langue, l'entourer de ses bras, lui effleurer les jambes sans s'aventurer entre ses cuisses, caresser son dos ou encore ses fesses. Ensuite, il pourra se serrer contre elle, puis frotter son bas-ventre contre le sien d'avant en arrière et en décrivant des mouvements circulaires. En laissant ses mains courir sur le corps de sa partenaire et en approchant progressivement de ses zones érogènes grâce au mouvement de va-et-vient rythmique décrit dans ce chapitre, il éveillera peu à peu les parties les plus sensibles de son corps et l'envie qu'il les touche. Alors il pourra les approcher, toujours de manière indirecte, pour mieux les enflammer.

Un amant expérimenté commence par stimuler les zones les moins sensibles et les moins érogènes du corps féminin. Une amante expérimentée stimule d'emblée l'organe le plus sensible et le plus affamé de caresses de son partenaire.

Maîtriser ainsi l'art de faire monter progressivement le plaisir de sa partenaire donne à un homme l'assurance qu'il est capable de la rendre folle de plaisir. Sentir que son amant possède une telle certitude est très excitant pour une femme. Nous verrons dans le prochain chapitre comment gagner en assurance sur le plan sexuel.

4

Avoir confiance en soi et en ses capacités sexuelles

Rien au monde n'est plus excitant pour un homme ou pour une femme qu'un(e) partenaire plein(e) de confiance en lui (elle) sur le plan sexuel. Une femme apprécie un amant sûr de lui et de son aptitude à la combler. L'assurance dont il fait preuve lui souffle qu'il saura lui donner du plaisir, mais aussi s'adapter s'il devine qu'elle ne suit pas son rythme et contenir sa passion.

> **Rien n'est plus excitant qu'un(e) partenaire plein(e) de confiance en lui (elle) sur le plan sexuel.**

Dès lors que l'homme sent que sa partenaire s'en remet tout entière à son savoir-faire et qu'il lit dans ses yeux qu'elle est absolument certaine de passer un bon moment entre ses bras, son excitation décuple.

Une femme sûre d'elle embrasera elle aussi les sens de son amant, mais de manière différente. Si elle semble trop assurée de savoir comment le rendre fou, elle risque de l'intimider. Saura-t-il montrer un talent équivalent au sien ? s'inquiétera-t-il ? Parviendra-t-il à contenir son ardeur assez longtemps pour la rendre heureuse ? Bien sûr, il est bon qu'elle soit convaincue de sa capacité à le satisfaire, mais comme toujours en matière relationnelle, elle rendra son partenaire encore plus heureux en l'aidant à la combler.

> **C'est en aidant son partenaire à la combler qu'une femme le comblera le mieux.**

En apprendre plus long sur le sexe

Avant d'animer des séminaires sur le sexe, j'ai été moine – et donc chaste – pendant neuf ans. À cette époque, j'avais enseigné la philosophie spirituelle et la méditation. Puis, à l'âge de vingt-sept ans, ma vie a changé du tout au tout : j'ai abandonné l'habit monastique pour revenir dans le siècle et j'ai repris une activité sexuelle.

La première année, je me suis comporté comme un homme affamé après un long jeûne. Soucieux de rattraper le temps perdu, je ne pensais qu'aux femmes, à l'amour et au sexe. Je lisais tous les ouvrages et articles traitant de la question et faisais l'amour aussi souvent que possible. Je consommais du sexe matin, midi et soir et il m'arrivait de tellement abuser des plaisirs de la chair que je devais marcher les jambes écartées comme si j'avais deux boules de bowling dans mon slip.

Au lit, j'expliquais à mes partenaires que j'avais été moine et que j'étais donc néophyte en matière sexuelle. Je leur demandais de me faire découvrir leur corps et de me montrer ce qui les comblait le plus.

Cette approche me valait un franc succès. Les femmes

ne m'en voulaient pas de n'y rien connaître puisque j'avais été moine. Et non seulement me raconter ce qu'elles aimaient les excitait vraiment, mais en plus j'apprenais une foule de choses. Cela me passionnait tant que j'ai fini par entamer un doctorat de psychologie et de sexologie.

Après environ deux ans d'expérimentation sexuelle intensive et d'étude des différentes traditions érotiques existant de par le monde, ma partenaire de l'époque et moi-même avons créé des ateliers de travail sur le sexe et la spiritualité. Nous encouragions les participants à discuter de ce qui procurait le plus de plaisir aux hommes ou aux femmes et beaucoup d'entre eux évoquaient sans ambages leurs propres préférences. Tous bénéficiaient grandement de ces échanges, y compris moi, même si je dirigeais les débats. Je prenais d'ailleurs des notes et faisais ensuite des essais à la maison.

Pourquoi discuter n'est pas toujours la panacée

La plupart des hommes n'ont jamais été moines et se sentent de ce fait moins à l'aise pour interroger une femme sur ses préférences au lit. D'abord, nous l'avons vu, on les amène à penser qu'ils devraient déjà être experts en la matière et en plus, s'ils ont des lacunes, ils redoutent de les avouer car ils savent qu'une femme aime que son amant connaisse son sujet et s'attend à ce qu'il devine d'instinct ce qu'il doit faire. Certaines rechignent également à exposer leurs *desiderata* car elles ne veulent pas que le sexe soit une recette de cuisine, mais un miracle à découvrir à deux. Pour diverses raisons, le sexe perd en romantisme à leurs yeux dès qu'elles sont contraintes de se montrer explicites. Beaucoup d'entre elles jugent d'ailleurs en secret que si cet amant est l'homme de leur vie ou s'il les aime réellement, il saura comment s'y prendre. Ce genre de raisonnement nourrit efficacement les aspirations romantiques mais n'améliore guère les choses au lit.

Une femme pense souvent en secret que si son amant est l'homme de sa vie ou s'il l'aime réellement, il saura comment s'y prendre. Ce genre de raisonnement nourrit efficacement les aspirations romantiques mais n'améliore guère les choses au lit.

D'autre part, les femmes sont réticentes à l'idée d'exprimer leurs désirs à leur partenaire de peur de le voir porter un jugement sur ceux-ci ou refuser de s'y prêter. Bien que la plupart des livres traitant de la sexualité insistent sur la nécessité de parler de ce que l'on aime et de ce que l'on n'aime pas, peu de couples le font. Notre société est trop pleine d'inhibitions en ce qui concerne le sexe et les discussions y ayant trait. Si bien que l'on n'en parle qu'en cas de problème.

Celui des deux partenaires qui n'est pas satisfait de la relation exposera alors ses requêtes à un conjoint sur la défensive et une conversation qui aurait pu, en d'autres circonstances, être aussi instructive qu'amusante tourne au réquisitoire. L'autre se sent critiqué ou blâmé, généralement à juste titre.

Les hommes, en particulier, supportent mal ce genre de situation. Quand une femme leur explique ce qu'elle apprécie ou n'apprécie pas, ils entendent : « Tu n'es vraiment pas doué. Les autres types savent le faire ; pourquoi pas toi ? Quel est ton problème ? »

En présupposant qu'un homme sait tout du sexe, on

lui interdit d'interroger sa partenaire sur ses goûts et de prendre le temps de découvrir comment la combler. Tout comme certaines femmes simulent l'orgasme pour plaire à leur amant, les hommes se sentent parfois contraints d'afficher une assurance qu'ils sont loin de ressentir. Et bien qu'ils rêvent d'en apprendre plus long sur les désirs secrets de leur compagne, ils ignorent comment formuler leurs questions sans donner l'impression de douter de leur science sexuelle.

> **Tout comme certaines femmes simulent l'orgasme pour plaire à leur amant, les hommesse sentent parfois contraints d'afficher une assurance qu'ils sont loin de ressentir.**

Quelques manières simples de parler de sexe

Pour surmonter ce problème de communication, un couple peut lire de concert des ouvrages spécialisés et en discuter après. Il est beaucoup plus facile d'aborder le sujet si votre partenaire n'a pas l'impression que vous critiquez ses méthodes. Quand vous lisez quelque chose qui vous tente, faites-le-lui savoir par un petit – ou un grand – « Mmm ».

Même ceux d'entre nous qui savent tout du sexe peuvent tirer bénéfice d'une meilleure compréhension des différences entre les hommes et les femmes. Cela nous pousse à multiplier nos efforts pour satisfaire les besoins spécifiques de notre partenaire.

Au cours de mes séminaires, je demande parfois aux participants d'applaudir quand mes propos leur semblent particulièrement justes, de manière à bien les souligner pour leur partenaire. Les hommes s'étonnent souvent des applaudissements de leur femme et vice versa. Un mari supporte mieux de voir sa femme applaudir de cette façon plutôt que de l'entendre lui expliquer ses désirs. D'abord, la majorité des femmes présentes bat elle aussi des mains et en plus, la sienne ne formule pas de critiques, mais se borne à saluer des idées tentantes. Et puisque sa compagne a ainsi pu lui transmettre ses souhaits, elle n'aura pas besoin de les lui expliquer directement.

Ce mode de communication indirect et moins intimidant a permis à de nombreux couples qui avaient renoncé au sexe de renouer avec les plaisirs de la chair. Être clairement informés de leurs différences rend les hommes et les femmes plus enclins à accomplir les efforts nécessaires pour apporter un nouvel élan à leur vie sexuelle.

Chaque femme est unique

Les hommes et les femmes sont différents, nous l'avons vu, mais chaque femme est également différente de ses consœurs. C'est pourquoi il est si utile pour un couple de trouver le temps de discuter à cœur ouvert et sans tabou à un moment donné.

Pour ne rien arranger, les femmes ne se contentent pas de se distinguer les unes des autres : elles évoluent au fil du temps. Et si un livre ou un séminaire peuvent vous donner des conseils d'ordre général, ils ne pourront tenir compte des préférences spécifiques de votre partenaire.

Chaque femme est unique. C'est pourquoi il est si utile, pour un couple, de prendre le temps de discuter à cœur ouvert.

Quand Sam caressait le clitoris de sa partenaire et l'entendait gémir, il savait qu'il avait fait ce qu'il fallait... mais sans vraiment savoir ce qu'il avait fait. Son assurance au lit s'en ressentait. Je lui ai suggéré de demander à la principale intéressée, Ellen, de lui apprendre sa géographie intime. Je leur ai recommandé de commencer par en discuter dans le calme sans rechercher une excitation sexuelle.

Au début, Ellen s'est fait un peu prier car parler de sexe l'intimidait, mais Sam a su la rassurer en lui expliquant combien cela l'aiderait à la rendre plus heureuse. Elle lui a donc simplement exposé les faits sans jamais imprimer à la conversation un tour coquin. Bien des années après, Sam se remémore encore chacun de ses mots.

Un homme peut se détendre lorsqu'il sait exactement ce qui plaît à sa partenaire. Bien sûr, il ne s'agit pas pour lui de se transformer en machine et de suivre ses instructions à la lettre à chaque fois, comme un mode d'emploi, mais d'utiliser ses connaissances et l'assurance qu'elles lui procurent pour transformer chacune de leurs étreintes en une expérience nouvelle. Si une innovation ne semble pas concluante, il sait qu'il lui suffit de revenir aux méthodes éprouvées. Ainsi délivré de l'angoisse de l'échec, il peut laisser libre cours à sa créativité et à sa spontanéité.

Un homme se montre plus facilement aventureux s'il sait qu'il peut se rabattre en cas d'échec sur des méthodes éprouvées.

Le livre de l'amour

« En somme, tu veux le fascicule expliquant comment me faire l'amour », a commenté Ellen quand Sam lui a présenté sa requête. Sam a souri et acquiescé.

Dans le secret de leur chambre, Ellen lui a d'abord expliqué comment elle aimait être caressée et où. Sam ayant sollicité une démonstration pour les caresses des parties génitales, elle lui a indiqué de manière quasi clinique ce qu'elle souhaitait. Il ne s'agissait pas pour elle de se donner du plaisir, mais d'enseigner à Sam comment lui en procurer.

Après l'avoir observée avec attention, Sam a imité les gestes d'Ellen afin de les maîtriser parfaitement. Il s'est aussi attaché à mémoriser la configuration du sexe de sa femme afin de pouvoir répéter, sans erreur et à l'aveuglette, les caresses apprises. Pour s'y entraîner, il a utilisé un miroir. Étendu à côté d'Ellen, il la caressait d'une main en maintenant le miroir de l'autre et vérifiait l'exactitude de ses gestes grâce à son reflet. Cette méthode lui permet désormais, quand ils font l'amour, de comprendre pourquoi Ellen gémit et comment intensifier son plaisir, car il peut à tout instant visualiser clairement ce que ses mains font et ce qu'elles touchent.

Au cours de cette session « éducative », Sam a également examiné avec soin les organes sexuels de sa femme et notamment la position de son clitoris. Il sait à présent exactement où celui-ci se situe, si bien qu'Ellen est assurée de voir ce point sensible recevoir toujours la stimulation nécessaire. Plus important encore, Sam sait exactement ce qu'il fait entre les cuisses de sa partenaire.

Leur vie sexuelle a pris une dimension nouvelle. J'ai

alors suggéré à Sam, quand leur plaisir avait été particulièrement intense, de demander à Ellen ce qu'elle avait le plus apprécié. Et j'ai expliqué à Ellen qu'elle devait, au cours de ces discussions, toujours veiller à insister sur ce qui lui avait plu, afin de ne pas paraître critiquer Sam.

Si Sam l'interroge spécifiquement sur une chose qu'elle n'a pas adorée, elle se contente de marquer un temps d'arrêt en lui faisant comprendre qu'elle réfléchit à une manière gentille d'exprimer son opinion défavorable. Une critique présentée ainsi est beaucoup mieux supportée.

Dans certains cas, elle commente simplement : « C'était bien » ou « Ça allait », mais sans grand enthousiasme. Sam en déduit sans peine qu'elle ne raffole pas de la caresse en cause. D'une chose lui déplaisant réellement, elle dit : « Ce n'est pas vraiment mon truc. » Grâce à ces réponses pleines de tact, Sam ne redoute pas de l'interroger de nouveau.

En remettant le sujet des goûts sexuels d'Ellen régulièrement sur le tapis, Sam donne à sa partenaire la possibilité de le tenir informé de l'éventuelle évolution de ceux-ci. De même, il veille à le lui signaler lorsqu'elle fait quelque chose qu'il a vraiment apprécié.

Quand parler de sexe ?

Il est vraiment anti-romantique au possible de demander à une femme ce qu'elle aime pendant que vous faites l'amour. Mieux vaut le faire juste après ou à un autre moment. Pendant l'amour, une femme n'a pas envie de penser à ses désirs, mais de se laisser aller à ses sensations.

On en apprend cependant beaucoup sur ce qu'une femme apprécie au lit en écoutant avec attention comment elle réagit pendant l'amour. C'est pourquoi un homme a besoin que sa partenaire lui exprime verbalement son plaisir, afin de déterminer ce qu'elle aime et comment la satisfaire au mieux. Et, ce qui ne gâche rien, une femme voit souvent son plaisir s'accroître lorsqu'elle l'extériorise de la sorte.

Pour obtenir une réponse plus directe à ses interrogations, l'homme peut également questionner sa compagne. Choisissez pour cela un jour où vous pensez l'avoir comblée.

Ce peut aussi être une bonne idée d'aborder le sujet de manière indirecte en sollicitant un commentaire de sa part sur un passage d'un livre que vous lisez, d'une conférence ou d'un film.

Au cours de la conversation qui s'ensuit, sachez faire preuve de naturel et de tact. Pas question de prendre des notes, puis de déclarer : « Donc, si j'ai bien compris, tu voudrais que je fasse cela, puis ceci, puis cela. » Une telle approche lui paraîtra beaucoup trop mécanique. Une femme a besoin de sentir qu'en faisant l'amour avec elle, son partenaire exprime des sentiments... et surtout pas qu'il suit un mode d'emploi.

Jouer à la main chaude pendant l'amour

Les hommes sont particulièrement susceptibles pour tout ce qui touche à leurs performances sexuelles. De ce fait, ils perçoivent souvent les suggestions ou requêtes émises par leurs partenaires comme des critiques et les vivent très mal.

Émettre des messages du type « tu chauffes » ou « tu

refroidis » peut débloquer la situation. Vous avez sûrement déjà joué à la main chaude, ce jeu au cours duquel, après avoir caché un objet, on aide le candidat à le retrouver en lui donnant ces indications. Quand il s'approche de son objectif, on lui annonce qu'il « chauffe » et quand il s'en éloigne, qu'il « refroidit ». Une femme peut guider les caresses de son amant en lui signalant, en gémissant, par exemple, qu'il se « rapproche » ou « s'éloigne » de son but.

Elle peut ainsi l'aider efficacement, ce qui est très fructueux. N'oubliez pas, mesdames, qu'un homme progresse sur votre corps à l'aveuglette. Il a besoin que vous le guidiez, que vous lui appreniez à jouer de votre anatomie comme d'un instrument de musique.

Dans la phase de relaxation de l'amour, il est normal pour une femme d'apprécier en silence le bien-être qui l'envahit. Cela peut être très déroutant pour son partenaire car il sait que, souvent, une femme silencieuse est une femme mal comblée. La solution est simple : rassurez votre partenaire en lui expliquant que votre silence n'exprime pas l'ennui, mais la quiétude. Dites par exemple : « C'est tellement agréable. Fais-moi juste un câlin », ou « C'est si bon de se détendre ainsi. J'adore sentir tes mains sur moi », ou encore tout simplement « Mmm, j'aime ça ». Cela l'aidera à trouver en lui la patience et la compréhension nécessaires.

Comment donner des indications positives

Quand un homme tente une caresse déplaisante ou dont vous ne voulez pas, la meilleure tactique est de pousser gentiment sa main ou ses lèvres vers une zone plus agréable. Comme toujours en matière relationnelle, c'est en guidant son partenaire sur la voie de la réussite plutôt qu'en stigmatisant ses erreurs qu'une femme aide le mieux un homme.

Au lit, elle peut déplacer doucement sa main vers l'endroit où elle souhaite la sentir et lui faire comprendre combien elle apprécie cette caresse améliorée. Il recevra vite le message. Si elle tient à s'exprimer à voix haute, elle doit toujours préférer un « J'aime telle chose » à un « Je n'aime pas cela ».

Dix phrases qui coupent à un homme tous ses effets

Une femme qui ne comprend pas la sensibilité masculine risque de refroidir involontairement son partenaire en disant la mauvaise chose au mauvais moment. Quelques exemples :

1. « Tu ne fais pas cela comme il faut. »
2. « Je n'aime pas cela. »
3. « Aïe ! Tu me fais mal ! »
4. « Ne me caresse pas comme cela. »
5. « Ça me chatouille. »
6. « Pas comme ça. »
7. « Pas encore. »
8. « Pas là. »
9. « Je ne suis pas prête. »
10. « Qu'est-ce que tu fais ? »

Ce genre de petites phrases peut refroidir un homme en moins de temps qu'il n'en faut pour les prononcer.

Pourquoi un homme se glace

Il arrive souvent que le principal but d'un homme pendant l'amour soit de satisfaire sa partenaire. Il est alors tout particulièrement sensible à ses éventuelles réactions négatives. Blessé, il perd pour un temps toute envie d'elle et il lui faudra attendre un peu avant de voir son désir renaître. Sa partenaire doit l'admettre.

Quand un homme cherche à satisfaire sa partenaire, il est tout particulièrement sensible à ses éventuelles réactions négatives.

Voici un exemple de situation dans laquelle une femme refroidit involontairement un homme. Au lit avec Jake, Annie s'était montrée si directive – « Pas comme ça », « Je n'aime pas ça », « Tu me chatouilles » – ... qu'elle l'a mis K.-O. en trois phrases. Il s'est interrompu, tout désir envolé.

— Que se passe-t-il ? Quelque chose ne va pas ? s'est étonnée Annie.

Jake n'a pas répondu. Quelques instants plus tard, Annie a repris :

— Nous n'étions pas en train de faire l'amour ?

— Si, a-t-il répliqué.

— Nous ne continuons pas ?

— Non.

Et Jake s'est retourné... et s'est endormi.

Quand Jake est venu me consulter, je lui ai conseillé de discuter avec Annie de cet incident. Il lui a donc expliqué que, pendant l'amour, il se sentait particulièrement vulnérable à certains commentaires. « Je préférerais que tu déplaces ma main vers l'endroit où tu veux être caressée, au lieu de me dire que tu n'aimes pas ma façon de faire, a-t-il ajouté. Si je te chatouille, pousse ma main et évite de rire, surtout si je me trouve être d'humeur sérieuse. Tu peux aussi appuyer sur mes doigts pour me faire comprendre qu'une caresse plus appuyée te plairait davantage que les frôlements que je pratique. »

À la grande surprise de Jake, Annie a favorablement accueilli ses remarques, ce dont il lui fut fort reconnaissant. En contrepartie, lorsqu'il arrive à Annie de laisser échapper une remarque qu'il juge refroidissante, il fait de son mieux pour l'ignorer.

Si un homme voit son excitation retomber à la suite d'un commentaire maladroit, mais fait comme si tout allait bien, son désir ne tardera pas à renaître. Discuter du problème sans plus tarder produit souvent l'effet inverse et coupe définitivement son élan.

Si un homme voit son excitation retomber à la suite d'un commentaire maladroit, mais fait comme si tout allait bien, son désir ne tardera pas à renaître.

Des sons plutôt que des phrases

La meilleure méthode pour guider son partenaire consiste pour la femme à émettre des sons plutôt que de recourir à des phrases complètes. Une femme qui parle trop refroidit certains hommes. Ils en déduisent non sans raison qu'elle se laisse encore guider par sa tête et ne parvient pas à s'abandonner à ses sensations.

Certaines femmes sont tentées de répéter des phrases lues dans un roman d'amour telles que : « Tes caresses me donnent envie de te sentir en moi. » Pour un homme cela peut paraître aussi incongru qu'un admiratif : « Mon Dieu, que ton membre dur est énorme », tout droit sorti d'un film pornographique. Il sent que ces mots n'émanent pas de celle qu'il tient entre ses bras. Elle lui transmettra le même message beaucoup plus efficacement avec des gémissements, des « mmm » et des « ohhh ». De telles réactions suffisent amplement à éclairer son partenaire.

Les réactions que ses caresses suscitent chez sa partenaire suffisent à guider un homme.

En outre, d'autres femmes ont tendance à parler pendant l'amour afin d'inciter par là leur amant à en faire autant, car il est fascinant à leurs yeux qu'il puisse être à la fois dur, excité et loquace.

L'homme tend malgré tout à demeurer silencieux pendant que l'excitation monte en lui. Bien qu'il en soit capable, il ne s'exprime pas à voix haute car, pour sa part n'appréciant pas d'entendre sa partenaire le faire, il n'imagine même pas que cela puisse l'exciter. C'est pourtant le cas. En lui parlant, il attise encore son désir et contribue à la rassurer quant à l'excitation qu'elle lui procure et à l'aider à aimer son propre corps.

Vingt phrases pour enflammer une femme

Voici vingt exemples de phrases auxquelles un amant désireux d'intensifier le plaisir de sa partenaire peut recourir, à condition, bien entendu, qu'elles reflètent ses sentiments. Il ne doit jamais les utiliser comme des « trucs » pour l'exciter, mais pour exprimer des sentiments profonds qu'il n'aurait peut-être pas eu seul l'idée d'énoncer clairement.

1. « Tu es si belle. »
2. « Tu es mon rêve incarné. »
3. « Je t'aime tant. »
4. « J'aime partager ta vie. »
5. « Tu m'excites tellement. »
6. « Tes seins me rendent fou. »
7. « J'adore caresser ta peau douce. »
8. « J'aime te serrer dans mes bras. »
9. « J'adore tes seins. »
10. « J'adore tes jambes. »
11. « Tu as des seins superbes. »
12. « Tes lèvres sont si douces. »
13. « Je me sens tellement bien avec toi. »
14. « Tu es brûlante. »
15. « J'adore le goût de ta peau. »
16. « Tu es tellement mouillée. »
17. « Je suis tout à toi. »
18. « Je n'aime que toi. »
19. « J'adore faire l'amour avec toi. »
20. « J'ai envie de toi. »

Exprimés à haute voix ou susurrés à son oreille, ces mots doux aident votre partenaire à se sentir aimée, ce qui lui permet de s'ouvrir à ses désirs sexuels les plus torrides. C'est d'autant plus utile qu'avec l'accent mis aujourd'hui par les médias sur des créatures dotées d'une plastique parfaite, il est parfois difficile pour une femme d'admettre que son amant soit réellement fou de son corps en comparaison plus banal.

Je récolte toujours des applaudissements féminins nourris quand je lis cette liste et en particulier les phrases portant sur les seins. Trop d'hommes ignorent combien les femmes apprécient de tels compliments et aiment à les entendre encore et toujours. Un homme qui, lorsqu'il pose les mains sur les seins de sa partenaire, les juge superbes, ne songe pas toujours à l'en féliciter. Il croit à tort qu'elle déduira forcément cet hommage de l'ardeur qu'il met à les caresser.

Le directeur d'une boutique de lingerie féminine m'a un jour relaté l'anecdote suivante. Un groupe de femmes d'une soixantaine d'années est entré dans son magasin. L'une d'elles a essayé un ensemble très sexy. Ses amies ont toutes objecté qu'elle ne le porterait jamais, mais elle a rétorqué avec assurance : « Quand on est la seule femme nue dans une pièce avec un homme, on vaut pour lui toutes les pin-up ! » Peu de femmes ont une aussi bonne connaissance de la nature masculine. Quand un homme est amoureux, plus son excitation croît, plus le corps de sa partenaire lui semble parfait. La circonférence de vos cuisses est vraiment la dernière chose qui le préoccupe pendant l'amour.

> **Quand vous êtes la seule femme nue dans une pièce avec un homme, vous valez pour lui toutes les pin-up !**

Pourquoi les hommes regardent les autres femmes

Quand tous les hommes se retournent tels des automates pour suivre du regard une femme à la plastique de déesse, cela rappelle à toutes les autres femmes présentes que leur propre corps est moins parfait. Et cela peut porter un rude coup à leur moral et à leur confiance en leur pouvoir de séduction. Dire son amour à une femme que l'on tient nue et offerte entre ses bras et la combler de compliments ne fait pas qu'attiser son désir. Cela l'aide également à se sentir belle et à apprécier l'amant tendre qui partage son lit.

Quand tous les hommes se retournent tels des automates pour suivre du regard une femme à la plastique de déesse, cela rappelle à toutes les autres femmes présentes que leur propre corps est moins parfait. Et cela peut porter un rude coup à leur moral et à leur confiance en leur pouvoir de séduction.

Une femme ne peut deviner que le même homme qui lorgne cette passante aux courbes idéales pourra aussi juger parfait le corps de celle qu'il aime et désire, même si aucun magazine de mode ne songerait à faire poser cette dernière pour sa couverture.

Une attirance uniquement fondée sur des critères physiques ne peut être qu'un feu de paille. Quand un homme aime réellement une femme, il est séduit par elle tout entière et pas seulement par son corps. Et, plus elle l'attire, plus son corps lui paraîtra ravissant.

Chez les hommes, tout commence par un regard

Il est très important que les femmes comprennent que l'attirance qu'un homme éprouve à leur égard est d'abord visuelle. Dès qu'un homme aperçoit une jolie femme, il rêve de la voir nue. Une femme qui rencontre un homme séduisant aura certes envie de mieux le connaître, mais pas uniquement à cause de son physique. Et elle ne le déshabille pas d'emblée du regard.

Les femmes en déduisent souvent, à tort, que les

hommes sont superficiels. Elles ne comprennent pas que, tout comme elles, ils souhaitent faire plus ample connaissance avec une personne qui les attire. Il se trouve qu'eux voudraient commencer par explorer son corps.

Au début, les hommes sont donc plus attirés par des critères physiques, alors que les femmes s'intéressent plutôt à la personnalité d'un partenaire potentiel. Puis, à mesure que la relation progresse, l'homme s'attachera de plus en plus à la personnalité de sa partenaire, alors qu'elle se laissera peu à peu charmer par les attraits physiques de celui qui lui a plu pour d'autres raisons.

Même s'il arrive qu'au début d'une relation, un homme ne soit pas totalement subjugué par le corps de sa partenaire, à mesure qu'il la connaîtra mieux et que son amour pour elle grandira, son physique lui paraîtra approcher de plus en plus la perfection. Il est facile pour un célibataire de laisser les médias lui dicter les critères de beauté du corps féminin. Il comparera alors les femmes qu'il rencontre avec celles qu'il voit dans les magazines ou à la télévision. Mais, fort heureusement, lorsqu'il est excité et amoureux d'une femme, ce mauvais sort est brisé et il redevient à même d'apprécier sa beauté spécifique.

Pour toutes ces raisons, il est primordial qu'un homme pense à complimenter une femme pendant l'amour. Cela les délivre tous les deux de l'influence des médias.

Une solution simple

Une femme qui n'a pas compris le rôle du regard dans la sexualité masculine se sentira menacée dès que les yeux de son partenaire s'attardent sur une autre et se mettra à lui en vouloir. Il existe une solution simple à ce problème.

La femme doit accepter que son partenaire apprécie la beauté des autres femmes et ne voir là qu'une réaction naturelle. L'homme, lui, doit apprendre à canaliser ses regards pour éviter de la blesser. Un jour, ma femme, Bonnie, et moi avons pris un ascenseur en compagnie d'un couple plus âgé et d'une jeune beauté de dix-neuf ans vêtue d'un bikini microscopique. Il était difficile de détourner les yeux d'un tel spectacle – même pour les femmes. Quand nous sommes sortis de l'ascenseur, l'autre femme a réprimandé son mari : « Je comprends que tu regardes les jolies filles, mais tu n'es pas obligé de baver de convoitise ! »

La femme doit accepter que son partenaire apprécie la beauté des autres femmes et ne voir là qu'une réaction naturelle. L'homme, lui, doit apprendre à canaliser ses regards pour éviter de la blesser.

De fait, il est essentiel de respecter à la fois les règles élémentaires de bienséance et les sentiments de sa partenaire. Quand il m'arrive de remarquer une jolie fille et de laisser mon regard s'attarder sur elle, je prends toujours soin, par égard pour ma femme, de me retourner ensuite vers elle. En revenant à elle et en lui consacrant toute mon attention, je réaffirme mon attachement, à elle et à notre relation. Ainsi, au lieu de la glacer, je l'attendris. C'est ma façon de lui dire : « Oui, c'était une très belle femme. J'adore les belles femmes. Et quelle chance j'ai d'être marié à l'une d'elles. C'est avec toi que je veux être. »

Du temps, du temps, encore plus de temps

Si nous voulons gagner en assurance et faire en sorte que notre passion survive aux outrages du temps, nous devons consacrer plus de temps à chaque intermède amoureux. Un homme peut atteindre l'orgasme après quelques minutes de stimulation, mais c'est rarement le cas pour sa partenaire. Une fois qu'il l'a compris, il peut se tranquilliser : ce n'est pas parce qu'il s'y prend mal que le plaisir de sa femme monte lentement et qu'elle met bien plus longtemps que lui à atteindre l'orgasme.

La durée constitue en effet la plus grande différence entre sexualité masculine et sexualité féminine. Un homme est biologiquement conçu pour s'exciter très vite, comme une torche qui s'embrase, alors que la femme suit un rythme beaucoup plus lent et progressif.

Combien de temps ?

En règle générale, il faut à un homme deux ou trois minutes de stimulation pour atteindre l'orgasme. C'est le plus souvent un processus simple, comme secouer une bouteille de bière puis laisser la mousse en jaillir tel un geyser.

Pour une femme, les choses sont plus complexes. Il faut compter en moyenne dix fois plus longtemps avant qu'elle prenne son plaisir, soit vingt à trentes minutes de caresses génitales et de préliminaires.

Un homme qui souhaite donner un orgasme à sa partenaire doit se remémorer cette règle simple : pour qu'elle atteigne le grand « O », il lui faut placer ce « O » après ses propres 2 à 3 minutes – ce qui donne 20 à 30 minutes.

Pour qu'une femme atteigne le grand « O », son amant doit placer ce « O » après ses propres 2 à 3 minutes – ce qui donne 20 à 30 minutes.

Malheureusement, trop d'hommes laissent libre cours à leur ardeur, jouissent au bout de quelques minutes et croient sincèrement que leur partenaire est tout aussi heureuse et comblée qu'eux...

Plaisir sexuel et plaisir émotionnel

L'homme a tellement apprécié leur rapport sexuel qu'il ne conçoit même pas qu'il ait pu être moins exaltant pour sa compagne. Quand elle lui dit qu'elle n'a pas joui, il se sent facilement déboussolé ou frustré. Et tant qu'il n'aura pas compris qu'elle avait besoin de dix fois plus de temps que lui pour prendre son plaisir, il risque d'en déduire qu'il ne sait pas l'exciter.

Pour ne rien arranger, il arrive souvent qu'une femme émette des gémissements et autres cris du même type pendant le rapport même si elle n'éprouve aucun plaisir. Elle exprime ainsi la satisfaction émotionnelle que lui procure le plaisir de son compagnon. En somme, elle apprécie les liens émotionnels qui les unissent et le plaisir qu'elle lui donne. Certes, cela accroît son désir.

Mais cette satisfaction émotionnelle n'induit pas chez elle de stimulation sexuelle. Seules des caresses et du temps peuvent lui procurer un orgasme.

Être comblée sur le plan émotionnel ne suffit pas à faire jouir une femme. Seules des caresses et du temps peuvent lui procurer un orgasme.

En matière immobilière, on dit souvent que la valeur d'une propriété dépend de trois éléments : de son emplacement, de son emplacement et de son emplacement. Sous la couette, c'est la même chose sauf que l'on parlera de temps, de temps et encore de temps.

Une femme à qui son partenaire alloue le temps nécessaire peut être assurée d'obtenir la satisfaction à laquelle elle aspire. Et quand un homme comprend que ce n'est pas tant ce qu'il fait que le temps qu'il prend pour le faire qui compte, sa confiance en lui s'en trouve extraordinairement renforcée.

Un homme dont la partenaire a régulièrement des orgasmes a d'instinct confiance en ses capacités sexuelles. Pourtant, si elle ne jouit pas à chaque fois, il s'inquiète. Dans le chapitre suivant, nous verrons qu'une femme peut parfois être comblée sans orgasme.

5

Les femmes sont comme la lune, les hommes sont comme le soleil

La sexualité des femmes évoque la lune en ce sens qu'elle va perpétuellement croissant et décroissant. Parfois, le meilleur des amants ne pourra lui donner d'orgasme, non seulement parce qu'elle en est incapable, mais souvent aussi parce qu'elle ne veut pas en avoir un. Les hommes doivent absolument comprendre le gouffre qui sépare à cet égard leur sexualité de celle de leur partenaire.

Au cours de son cycle sexuel, qui s'étale sur environ vingt-huit jours, la femme traverse des phases pendant lesquelles elle désire vraiment un orgasme et durant lesquelles son corps est mûr et prêt à en vivre un, et des phases au cours desquelles elle préfère un câlin et de la tendresse. Pendant ces dernières périodes, une femme peut faire l'amour et même éprouver une excitation sexuelle, mais son corps n'a pas envie d'avoir un orgasme.

Parfois, une femme désire vraiment un orgasme et son corps est mûr et prêt à en vivre un, alors qu'à d'autres moments, elle préférera un câlin et de la tendresse.

En somme, son cycle sexuel comporte plusieurs phases comparables à celles de la lune et ses besoins sexuels varient au rythme de celles-ci. Il n'existe aucun moyen de deviner dans quelle phase de son cycle personnel une femme se trouve, d'autant que la longueur de ce dernier varie suivant les mois.

Les hommes éprouvent quelque difficulté à comprendre ce mécanisme, car eux ne sont pas comme la lune, mais comme le soleil : tout se lève chaque matin avec un grand sourire !

Quand un homme est excité, son corps souhaite se libérer de la tension qui l'habite. Il veut un orgasme et il est le plus souvent capable d'en avoir un. S'il n'a pas la possibilité d'assouvir pleinement son désir, il se sentira insatisfait sur le plan émotionnel et pourra même éprouver un inconfort d'ordre physique. C'est pourquoi il lui est difficile de concevoir que sa partenaire puisse envisager de faire parfois l'impasse sur l'orgasme. Et comme il ignore qu'une femme peut apprécier l'intimité qu'apporte un rapport sexuel sans pour autant souhaiter d'orgasme, il déduit de son attitude que quelque chose ne va pas.

Comment les hommes évaluent leurs performances sexuelles

La plupart des hommes mesurent leur succès sur le plan sexuel à l'aune de l'orgasme de leur partenaire. Si celle-ci ne jouit pas, monsieur risque donc de bouder pendant des heures. C'est pour cette raison que tant de femmes se sentent obligées de simuler un orgasme juste pour rassurer leur amant et lui faire plaisir.

Une telle contrainte pèse lourdement sur les rapports

sexuels. Elle interdit en outre à la femme de suivre le flux et le reflux de son rythme naturel. Puisqu'elle doit toujours faire preuve d'une réceptivité égale, elle ne peut se détendre et se laisser emporter par sa sexualité.

Un rapport sexuel assorti d'une obligation d'avoir un orgasme ne peut satisfaire pleinement une femme.

Si une femme pense devoir simuler l'orgasme ou s'il lui semble que l'amour comporte pour elle une obligation de résultat, elle risque de ne plus parvenir à avoir de véritable orgasme. On raconte souvent ainsi que les plus célèbres « bombes sexuelles » de l'histoire étaient en réalité frigides. De même, il arrive souvent que les prostituées qui, avec leurs clients, feignent d'adorer le sexe et de jouir soient incapables d'éprouver du plaisir avec un partenaire choisi par elles.

La dictature de l'orgasme obligatoire peut donc priver une femme de jouissance, même quand son corps y est « techniquement » apte. C'est pourquoi l'une des bases d'une vie sexuelle épanouissante est que la femme ne se sente jamais tenue de simuler des réactions qu'elle n'éprouve pas réellement. Il faut pour cela que les deux partenaires comprennent bien les différences qui séparent la sexualité masculine et la sexualité féminine.

Une vie sexuelle réussie se compose d'instants inoubliables et de moments moins intenses, mais toujours empreints d'amour et qui comblent les besoins des deux partenaires : l'homme atteint l'orgasme auquel il aspire et la femme, si elle n'est pas d'humeur à en faire autant, reçoit les preuves d'affection physiques indispensables à son équilibre.

Étreintes mémorables

On le sait, certaines étreintes sont plus mémorables que d'autres. Une sexualité épanouissante comprend à la fois les premières et les secondes.

Même quand on connaît en théorie les techniques propres à illuminer sa vie intime, il est facile de les négliger et de laisser la routine s'installer dans le lit conjugal. Les hommes sont particulièrement enclins à le faire. Ce n'est pas qu'ils manquent de considération pour leur compagne, mais plutôt qu'ils oublient combien il est important de lui accorder toute leur attention. Par nature soucieux d'efficacité, ils vont instinctivement se demander, quand vingt minutes de préliminaires ont produit l'effet requis, s'ils ne pourraient pas obtenir le même résultat en dix minutes seulement. Et, insensiblement, ils oublieront que leur partenaire a besoin de *plus* de temps.

Pourquoi les hommes oublient les besoins de leur partenaire

Si l'épanouissement sexuel n'implique pas que chaque étreinte doive nécessairement produire des étincelles, cela présuppose en revanche que chacun des partenaires s'attache à se remémorer les attentes spécifiques de l'autre. Dans l'idéal, tous deux devraient voir chaque rapport satisfaire pleinement celles-ci.

Les hommes oublient souvent que leur femme a tout comme eux besoin d'être comblée sur le plan sexuel. Au début d'une relation, un homme prend son temps parce qu'il s'interroge encore sur ce qu'elle aime et ignore jusqu'où elle le laissera aller, mais une fois installé dans une vie sexuelle régulière, il cesse de le faire et s'étonne de la voir moins apprécier ses caresses. Il ne devine pas que c'étaient la lenteur et la délicatesse empreinte de prudence de ses gestes qui l'excitaient, et même s'il le sait, il lui arrive néanmoins de les négliger dans le feu de l'action, tout simplement parce qu'elles ne reflètent pas son instinct.

Une fois que sa compagne et lui ont une vie sexuelle régulière, l'homme abandonne peu à peu lenteur et précaution, sans deviner que c'était précisément cela qui excitait sa partenaire.

Bien souvent, sa partenaire en déduira qu'il ne tient pas à elle. Pourtant, il arrive au plus amoureux des hommes d'omettre de se préoccuper des besoins de sa compagne, et ce sans même s'en apercevoir. Je me rappelle ainsi un événement survenu au cours de ma première année de mariage. Bonnie et moi rentrions d'une conférence sur le sexe et je lui ai demandé si elle avait apprécié ma prestation.

— J'adore t'entendre parler de sexe, m'a-t-elle répondu. C'est pour cela que j'assiste toujours à tes conférences sur le sujet. Tu exposes les choses si clairement.

— Quand j'explique comment établir une sexualité épanouissante ? ai-je insisté, tout fier.

— Oui... mais il est dommage que tu mettes tes enseignements en pratique moins souvent qu'avant.

Je suis resté coi.

— Tu veux dire que je ne fais pas tout ce que je recommande ?

— Eh bien, ces derniers temps, je trouve que tu te montres un brin pressé.

— Ce soir, nous aurons tout notre temps, ai-je répliqué avec un clin d'œil complice.

Bonnie a souri.

— Mmm, voilà qui s'annonce fort bien.

Ce soir-là, les commentaires mesurés et dépourvus de toute note critique de ma femme m'ont aidé à prendre conscience de mes erreurs sans me mettre sur la défensive. La nuit qui suivit fut mémorable. Je raconte cette anecdote pour bien montrer que même un homme qui enseigne aux autres comment améliorer leur sexualité peut parfois oublier les principes de base d'une vie intime épanouissante.

Une femme qui voit son partenaire peu disposé à lui accorder le temps nécessaire à son plaisir doit l'inciter à ralentir son rythme en quelques mots bien choisis, clairs mais exempts de reproche. En voici quelques exemples :

« Oh, j'adore cela. Allons-y très lentement. »

« Mmm, encore... Nous avons tout notre temps. »

« Ce soir, je veux profiter de toi très longtemps. »

Ce qui rend une étreinte mémorable

Au cours de mes premiers séminaires, j'ai découvert au fil des récits des participants un schéma commun. Les hommes racontent combien ils ont donné du plaisir à leur partenaire. Ils se glorifient de l'avoir rendue folle ou de lui avoir fait atteindre le summum de l'extase. Les femmes, elles, expliquent plutôt ce qu'elles ont ressenti ou ce que leur partenaire leur a fait. Le déroulement des opérations importe plus à leur yeux que leur dénouement. Cet écart de perception est essentiel.

En clair, un rapport sexuel est mémorable aux yeux d'un homme s'il a procuré un plaisir intense à sa partenaire. C'est quand il a le mieux comblé sa compagne qu'il se sent lui-même le plus heureux.

Un rapport sexuel est mémorable aux yeux d'un homme s'il a comblé sa partenaire.

C'est la même chose qui rend une étreinte mémorable pour une femme : son propre plaisir. Bien sûr, elle souhaite que son amant en tire lui aussi satisfaction, mais la jouissance qu'il éprouve n'est pas une composante de la sienne. Elle ne lui apporte pas la stimulation physique dont elle a besoin pour atteindre l'orgasme. On entendra d'ailleurs rarement une femme qualifier une nuit d'inoubliable parce que son partenaire a eu un orgasme particulièrement intense. Il lui suffit que son amant réussisse à lui donner du plaisir.

Donc, pour qu'un rapport sexuel soit mémorable aux yeux des deux partenaires, il faut que la femme soit comblée. Je n'ai encore jamais entendu un homme déplorer que sa partenaire ait pris plus de plaisir que lui, se soit uniquement préoccupée de sa propre jouissance, ou encore l'ait « sauté » en vitesse avant de repartir.

Quand le plaisir de sa partenaire devient celui de l'homme

Plus les liens émotionnels au sein d'un couple se resserrent, plus le plaisir de la femme se fond avec celui de son amant. En entrant physiquement en elle, il la pénètre aussi émotionnellement, si bien qu'il en vient à pouvoir quasiment ressentir dans sa chair la jouissance qu'elle éprouve. L'excitation qu'elle manifeste étant pour lui un motif de fierté, celle-ci intensifie encore son ardeur.

Comme nous l'avons vu, le plaisir de l'homme dépend directement de la jouissance de sa partenaire et se mesure à l'aune de son intensité. Si elle n'a pas d'orgasme, il en déduit à tort qu'il ne l'a pas satisfaite et son propre plaisir en est diminué. Il s'épargnera bien des tracas quand il comprendra qu'une femme peut parfois être comblée sans atteindre l'orgasme.

Parfois, une femme peut être comblée sans atteindre l'orgasme.

C'est un grand soulagement pour les deux partenaires quand l'homme saisit cette nuance. Il peut oublier l'équation « rapport sexuel réussi = elle a eu un orgasme » et sa compagne se voit pour sa part délivrée de la nécessité de rechercher à tout prix l'orgasme quand son corps ne s'y prête pas, ce qui lui permet d'apprécier plus pleinement les caresses de son amant. Aux yeux de ce dernier, un rapport sexuel réussi devient tout simplement celui qui laisse sa compagne heureuse. Il doit toujours se rappeler que les femmes sont comme la lune et peuvent parfois être comblées sans orgasme.

Les témoignages de certaines de mes patientes explicitent ce phénomène :

« Je n'ai pas besoin d'avoir un orgasme à chaque fois. Et quand je n'en ai pas, cela ne reflète pas un quelconque problème. »
« Parfois, être serrée contre mon mari suffit à me combler. Je suis ravie qu'il ait un orgasme, mais je n'ai pas vraiment envie d'en faire autant. Pas cette fois. D'autres fois, en revanche, je suis aussi motivée que lui ! »
« Certaines fois, j'aime avoir un orgasme, d'autres, je préfère les caresses et la tendresse. »
« Parfois, nos étreintes sont trop gouvernées par la recherche de l'orgasme. Je me surprends à m'efforcer à tout prix d'en avoir un, au lieu de me détendre et de jouir de l'instant. Je voudrais que cela n'ennuie pas mon partenaire si je n'ai pas toujours d'orgasme. Moi, cela ne m'ennuie pas. »

Un homme qui ne comprend pas que les femmes sont comme la lune court au-devant des frustrations et fait peser sur sa partenaire une pression pénible qui la poussera à simuler le plaisir.

Pourquoi les femmes s'étonnent

Quand j'explique à un groupe que l'homme aspire avant tout à combler sa partenaire, cela surprend manifestement la plupart des participantes. « Dans ce cas, pourquoi se dépêche-t-il autant de prendre son propre plaisir ? » interrogent-elles. Dès lors que l'on comprend les différences entre sexualité masculine et sexualité féminine, la réponse coule de source.

L'homme veut combler sa partenaire mais croit à tort que ce qui lui plaît satisfait aussi celle-ci. Étant lui-même excité et comblé par le plaisir de sa partenaire, il pense que sa jouissance à lui déclenchera la sienne. Il ne perçoit pas d'instinct qu'une femme a besoin de plus de temps. Devenir un bon amant exige un apprentissage.

Comme je l'ai déjà souvent répété, le plaisir féminin est beaucoup plus complexe que sa contrepartie masculine. Il exige pour naître un amant sachant prendre son temps, des caresses savantes et une attitude aimante. Chez l'homme, les choses sont beaucoup plus simples : dès qu'il est excité, atteindre l'orgasme devient une quasi-certitude.

Son problème, dont nous reparlerons ultérieurement, est de ne pas jouir trop rapidement. Du point de vue de l'homme, sa partenaire est trop lente, alors que celle-ci pense plutôt que c'est lui qui va trop vite. Ces difficultés se résoudront d'elles-mêmes dès que l'homme apprendra à prolonger les préliminaires pour mieux satisfaire sa compagne. Et une femme comblée accepte mieux que, parfois, son amant n'ait pas envie de lui faire l'amour aussi patiemment qu'à l'accoutumée.

En réalité, les hommes et les femmes sont éminemment compatibles. Dans les phases de pleine lune de sa partenaire, durant lesquelles elle aspire à l'orgasme, l'homme prendra plaisir à l'emmener au septième ciel. Et lorsque la lune de sa femme est un mince croissant, il comblera son besoin de tendresse tout en laissant libre cours à sa passion. Dans ce dernier cas, il pourra atteindre l'orgasme en quelques minutes, comme il est biologiquement programmé pour le faire. Certaines fois, il fera donc lentement l'amour afin d'amener madame jusqu'à l'orgasme et lorsque, en revanche, celle-ci n'est pas d'humeur érotique, monsieur pourra profiter de la liberté qu'elle lui accorde afin de rechercher un plaisir rapide. Suivant les cas, il se comportera en sprinteur ou en coureur de fond qui économise ses forces pour « tenir la distance ».

Quand une femme ne veut pas d'orgasme

Il arrive qu'au début d'un rapport sexuel, une femme ignore si son corps désirera avoir un orgasme. Elle ne connaît pas la phase dans laquelle son cycle lunaire se trouve. Lorsque son partenaire la sollicite, elle éprouve l'envie de faire l'amour, mais au fil de l'étreinte, elle découvre que son corps n'aspire pas à aller jusqu'au bout de son plaisir.

Si son partenaire s'évertue à essayer de la faire jouir et qu'elle-même essaie en vain d'atteindre l'orgasme alors que son corps n'est pas d'humeur à cela, cela peut se révéler extrêmement frustrant pour tous deux. L'homme a l'impression que quelque chose ne va pas et, suivant les cas, se fait des reproches ou blâme sa partenaire. Si celle-ci ne sait pas que son corps obéit à des phases similaires à celles de la lune, elle peut elle aussi se croire victime d'un problème. Soucieuse de le résoudre, elle s'efforcera de jouer le jeu et de réagir aux caresses de son amant, mais il ne s'agira que d'auto-suggestion. Une telle attitude ne peut que saper l'assurance du couple sur le plan sexuel et laisser de mauvais souvenirs propres à perturber son entente physique.

Une fois que les deux partenaires auront compris le cycle sexuel féminin, ces malentendus se dissiperont d'eux-mêmes. Et l'assurance accrue qui résultera de la nouvelle harmonie régnant au sein de leur couple permettra à leurs flux d'énergie sexuelle de circuler plus librement. Nombre de femmes m'ont assuré qu'il leur suffit de s'entendre dire qu'elles sont comme la lune pour que leurs tensions s'évanouissent et qu'elles redeviennent capables d'avoir un orgasme. Une femme qui a du mal à s'ouvrir à ses sensations pendant l'amour verra les choses se simplifier dès qu'elle ne se croira plus « tenue » d'atteindre l'orgasme. Cette nouvelle liberté ouvre la voie à des sensations plus naturelles. De plus, en n'essayant pas d'avoir un orgasme sur commande, elle préserve sa capacité à en avoir un à un autre moment.

Pour une femme qui a du mal à s'ouvrir à ses sensations pendant l'amour, tout devient plus facile dès qu'elle ne se croit plus « tenue » d'atteindre l'orgasme.

Une femme qui, pendant l'amour, réalise qu'elle ne va pas avoir d'orgasme, ne doit pas persévérer dans des efforts inutiles, mais plutôt annoncer à son partenaire : « Faisons cela vite fait bien fait. » Cette petite phrase magique change tout. Elle permet à la femme de se détendre et à l'homme d'abandonner sans remords la partie pour se consacrer à atteindre son propre orgasme dans les meilleurs délais.

Que la femme n'ait pas toujours d'orgasme ne pose problème qu'au sein des couples qui ignorent encore que cela ne signifie pas que l'homme a failli à ses devoirs. Quand sa femme lui dit : « Faisons cela vite fait bien fait », il se sent libéré d'un grand poids. Cela lui rappelle que si sa partenaire ne jouit pas cette fois, ce n'est la faute de personne, sinon de la nature, qui veut ce ne soit pas le moment pour elle d'avoir un orgasme. À lui de la satisfaire pleinement en se montrant tendre et en la serrant contre lui pendant qu'il prend son plaisir.

Un homme doit savoir consacrer du temps à sa compagne afin d'amener celle-ci au septième ciel, mais parfois, il a aussi besoin qu'elle lui accorde le droit de jouir vite. Au cours du prochain chapitre, nous étudierons le plaisir qu'un « petit coup vite fait bien fait » apporte à un homme et nous verrons comment une femme peut elle aussi y trouver son compte.

6

Les joies du « petit coup vite fait »

Beaucoup de livres étudient la nécessité pour l'homme de laisser à sa partenaire le temps d'atteindre son plaisir, mais aucun n'évoque jamais son besoin légitime de *ne pas* faire parfois preuve de patience.

Même si un homme se réjouit bien entendu de brider son ardeur pour mieux satisfaire sa partenaire, il lui arrive aussi de rêver de faire l'impasse sur les préliminaires et de juste « le » faire. Un instinct profond pousse chacun de nous à désirer se laisser aller complètement, sans retenue ni souci de se contrôler plus longtemps ou de faire le nécessaire pour combler sa compagne. Ce n'est pas que nous ne voulions pas la rendre heureuse, mais plutôt que nous aspirons à ne pas chercher, pour une fois, à nous retenir.

Pour pouvoir se montrer patient et accorder tout le temps nécessaire à sa partenaire, un homme a besoin de s'autoriser de temps à autre un « petit coup vite fait ». S'il peut occasionnellement succomber à ses instincts et jouir de ce plaisir égoïste, il sera plus enclin à faire les efforts nécessaires le reste du temps.

Tout comme une voiture gagne à rouler de temps à autre à bonne vitesse sur une autoroute pour décrasser son carburateur, une partie de l'homme a besoin de prendre son plaisir rapidement et sans frein.

Pour pouvoir se montrer patient et accorder tout le temps nécessaire à sa partenaire, un homme a besoin de s'autoriser de temps à autre un « petit coup vite fait ».

Éprouver ce besoin et y céder sont deux choses différentes. Par exemple, quand James s'accordait un « petit coup vite fait », il se sentait toujours un peu coupable vis-à-vis de Lucy, parce qu'il était clair pour lui qu'elle ne retirait guère de plaisir d'une telle étreinte.

Aux yeux de James, omettre les préliminaires était égoïste et en faisant cela, il se montrait un piètre amant.

Pour contourner ce problème, il attendait d'être presque en retard pour partir travailler avant de faire des avances à sa femme.

De ce fait, il devenait « normal » de ne pas y consacrer plus de quelques minutes. Lucy se prêtait volontiers à ce petit jeu et James pouvait bénéficier sans remords de son « petit coup vite fait ».

Au bout de quelque temps, James s'est lassé de cette solution. Il ne voulait plus avoir à être en retard pour pouvoir s'accorder un « petit coup vite fait ». Je lui ai conseillé d'en discuter avec Lucy.

Un « petit coup vite fait » contre un câlin

James a expliqué à Lucy qu'il aimerait pouvoir parfois faire l'amour sans préliminaires. Il a précisé qu'il savait que cela ne la satisferait pas mais qu'il en rêvait. J'ai alors demandé à Lucy ce que James pourrait faire en retour pour qu'elle apprécie elle aussi ces « petits coups vite fait ».

— Je ne sais pas, a-t-elle répondu. Il faut que j'y réfléchisse. J'ai peur, si j'accepte le principe du « petit coup vite fait », de ne plus jamais obtenir de James que cela.

— C'est logique, a admis James. Cela te rassurerait-il que je te promette de continuer à te faire l'amour en prenant mon temps aussi souvent que maintenant ?

— Cela me paraît équitable. Que dirais-tu d'y ajouter une nuit vraiment mémorable ou une escapade romantique au moins une fois par mois ?

James a acquiescé. En contrepartie des « petits coups vite fait » occasionnels – ou sexe « *fast-food* » –, Lucy et lui feraient l'amour à la sauce « maison » une ou deux fois par semaine et se réserveraient au moins une fois par mois une plage consacrée au sexe « trois étoiles ». Mais Lucy demeurait dubitative.

— Tout ceci est bel et bon, a-t-elle déclaré, mais l'idée du « petit coup vite fait bien fait » me gêne toujours. Quand nous le faisons, cela ne dure souvent guère plus que trois ou quatre minutes. James a déjà fini que je commence tout juste à m'échauffer. J'ai l'impression qu'il s'attend à ce que je sois excitée et réceptive à ses avances, mais je ne peux pas l'être en si peu de temps !

— Rassure-toi, a répondu James. Si tu promets de m'autoriser un « petit coup vite fait » de temps à autre, je te promets de ne jamais rien attendre de ta part en retour. Je considérerai cela comme un cadeau que tu me fais. Je sais que tu ne ressentiras pas grand-chose et je ne te reprocherai jamais de rester aussi inerte qu'une planche !

Lucy a éclaté de rire.

— D'accord, mais ce n'est pas tout.

À cet instant, Lucy a réalisé l'ampleur du pouvoir de négociation qu'elle tenait entre ses mains. Ayant obtenu la lune, elle exigeait à présent les étoiles pour faire bonne mesure et James ne voyait pas d'inconvénient à les lui décrocher.

— Tu veux des « petits coups vite fait » réguliers ? a-t-elle repris. Eh bien, moi, je veux des câlins. Je veux que tu prennes l'habitude de me serrer contre toi pendant quelques minutes sans manifester ni excitation ni désir sexuel.

— Pas de problème. Préviens-moi quand tu voudras un câlin et je me ferai une joie de me contrôler et de me montrer tendre et affectueux. C'est tout ?

— Oui, je crois.

Les quatre conditions

J'ai trouvé qu'il s'agissait là d'un accord en or et James et Lucy aussi. Pour m'assurer que les « petits coups vite fait » de James n'engendreraient aucune culpabilité ou rancœur, je leur ai suggéré de résumer leur pacte.

James a pris la parole le premier :

— Bon, si je respecte les quatres conditions suivantes – sexe « maison » régulièrement, sexe « trois étoiles » une fois par mois, ne rien attendre de toi lors d'un « petit coup vite fait » et te faire régulièrement des câlins –, tu es d'accord pour que nos étreintes se résument de temps à autre à un « petit coup » rapide.

— C'est exact. Je précise tout de même que je ne veux pas me sentir obligée de te dire « oui » si je suis fatiguée, en plein syndrome prémenstruel, ou juste vraiment pas d'humeur amoureuse.

James a volontiers admis cette réserve.

Au rendez-vous suivant, James m'a raconté leur premier « petit coup vite fait » mutuellement consenti. Lucy était demeurée totalement passive entre ses bras et il ne lui en gardait absolument pas rigueur.

Comment accroître l'attirance sexuelle au sein du couple

L'accord conclu dans mon cabinet a bouleversé la vie sexuelle de James et de Lucy d'une manière qu'ils n'auraient pu imaginer. D'abord, l'attirance de James pour Lucy s'est incroyablement accrue. James m'a décrit ce phénomène en ces termes : « Pour la première fois de ma vie sexuelle, je me suis senti complètement libre. Enfin, j'ai pu m'abstenir de préliminaires pour entamer directement le rapport sexuel en lui-même. Et, pour la première fois, je n'ai pas eu à me préoccuper de la qualité de ma prestation, ni de faire plaisir à ma partenaire. Seul mon bien-être comptait. Je sais que Lucy n'a rien ressenti d'exaltant, mais je n'en conçois ni remords ni culpabilité car je sais qu'elle accepte de me faire ce cadeau et que nous savons tous deux qu'il en ira différemment la prochaine fois. »

Ces « petits coups » rapides occasionnels avec la bénédiction de sa partenaire apportent à James – comme à la plupart des hommes – un sentiment de liberté comparable à celui que l'on pourrait éprouver dans un grand magasin où l'on saurait pouvoir acheter tout ce que l'on désire, ou au volant d'une voiture sur une route dépourvue de limitation de vitesse. C'est un peu comme conduire une motocyclette sans devoir porter de casque : il s'agit clairement d'une sensation très adolescente, mais cela injecte un sang nouveau dans la vie d'un homme et dans une relation. Après tout, c'est adolescent que l'homme est au sommet de sa forme sexuelle. Rien d'étonnant donc à ce que « rajeunir » ainsi redonne un coup de fouet à sa vie intime.

Une fois leur pacte conclu, James n'a plus jamais hésité à faire des avances à Lucy par peur qu'elle les repousse. Aujourd'hui, si elle n'est pas d'humeur amoureuse, au lieu de lui dire « non » – ce qu'il percevait comme un rejet –, elle lui accorde le plus souvent un « petit coup vite fait ».

Détail intéressant : après quelques années de « petits coups vite fait » sans remords, ceux-ci ont perdu beaucoup de leur attrait aux yeux de James, si bien que quand Lucy n'est pas réceptive à ses avances, il préfère souvent simplement attendre qu'elle soit mieux disposée.

Depuis qu'il sait qu'il peut presque toujours obtenir de sa femme un « petit coup vite fait », il ne se sent plus rejeté quand elle n'est pas d'humeur à faire l'amour.

Cette certitude de ne pas être repoussé est essentielle pour qu'un homme continue à être passionnément attiré par sa partenaire. Et c'est très excitant pour un homme que de pouvoir de temps à autre foncer plein gaz en ne se préoccupant que de lui-même.

Comment proposer une étreinte sans risque de rebuffade, même quand elle n'est pas d'humeur à « ça »

En déculpabilisant les « petits coups vite fait », une femme incite automatiquement un homme à se sentir plus libre de lui faire des avances. Voici quelques exemples de phrases qu'il pourra employer et les réponses auxquelles sa partenaire peut recourir en lieu et place d'un simple « non ».

Il dit	Elle répond
« J'ai vraiment envie de toi. Faisons l'amour. »	« Je ne suis pas d'humeur à faire l'amour, mais je suis d'accord pour un "petit coup". »
« Tu m'as manqué. Trouvons un moment pour faire l'amour. »	« Hum, c'est une bonne idée. Je ne dispose pas de beaucoup de temps pour le moment, mais nous pourrions tenter un "petit coup vite fait". »
« J'ai un peu de temps. Tu veux faire l'amour ? »	« Pour le moment je n'ai que le temps d'un "petit coup vite fait" mais peut-être pourrions-nous nous réserver une plage de temps plus longue, demain. »
« Cela te tente, une sieste crapuleuse ? »	« On peut se faire un "petit coup", si tu veux. Cela m'aidera peut-être à me détendre. Et après, nous pourrions discuter. »

« Réservons-nous du temps demain pour faire l'amour. »	« Je ne suis pas d'humeur pour de longs préliminaires, mais un "petit coup" me tente assez. Parfois, j'ai juste envie de te sentir en moi, même si un orgasme ne me tente pas. »
« Je te désire comme un fou. Je meurs d'envie de te faire l'amour. »	« J'adorerais cela moi aussi, mais nous manquons de temps. Que dirais-tu d'un "petit coup". »
« Faisons l'amour, ce soir. »	« J'ai vraiment mal à la tête. Je préférerais attendre demain, mais si tu veux, je peux te masturber. »
Sans mot dire, il se rapproche d'elle dans le lit et commence à la caresser.	« Mmm, c'est agréable. Ne te préoccupe pas de moi, ce soir. Vas-y carrément. »
Ils font l'amour, il caresse son clitoris et elle sent qu'elle ne va pas avoir d'orgasme.	Elle écarte sa main. « Viens en moi. Je veux juste te sentir bouger. J'adore sentir ton plaisir. » (En clair : OK pour un « petit coup vite fait ».)
Il se donne beaucoup de mal en préliminaires, elle n'est vraiment pas d'humeur érotique. Elle a juste envie de se sentir proche de lui pendant qu'il prend son plaisir.	Elle peut saisir son pénis en érection et le glisser en elle en disant : « Ce soir, "petit coup vite fait" ! »

Ces « petits coups vite fait » non générateurs de culpabilité enrichissent la vie sexuelle du couple et procurent un soulagement imprévu aux deux partenaires. Quand l'homme se voit délivré de tout risque de rejet, il réalise combien cela le minait auparavant et combien cela bridait son ardeur, et ce nouveau mode de communication amoureuse libère les femmes de la nécessité de faire bonne figure ou de simuler l'orgasme quand elles ne sont pas d'humeur à en avoir un.

Pourquoi les hommes cessent de prendre l'initiative en matière sexuelle

Chaque fois qu'un homme fait des avances à sa partenaire et se voit repoussé, il est blessé et son ego, meurtri. Si cela se reproduit trop souvent, il hésite de plus en plus à prendre l'initiative d'un rapport sexuel et, à terme, son envie de le faire risque d'aller s'amenuisant. Certains se mettront à désirer d'autres femmes, qui, elles, ne les ont pas encore rejetés ; d'autres se désintéresseront purement et simplement du sexe. Ceux qui sont attirés par d'autres femmes risquent d'en conclure à tort que leur compagne ne leur plaît plus, et les autres attribueront à l'âge leur libido en baisse.

Un homme dont la partenaire repousse trop souvent les avances verra son envie de lui en faire s'amenuiser. Il pourra se mettre à désirer d'autres femmes, qui, elles, ne l'ont pas encore rejeté, ou se désintéressera purement et simplement du sexe.

Au début d'une relation, les amants font l'amour dès qu'ils le peuvent, ou presque. Puis, à mesure que leur travail et le quotidien reprennent leurs droits, le rythme de leurs étreintes va naturellement s'espaçant. La venue d'enfants les oblige par la suite à programmer leurs rapports et à attendre le moment propice. C'est normal, mais ce n'est pas une raison pour repousser son partenaire. Or, bien souvent, quand celui-ci propose une partie de jambes en l'air, sa compagne le rejette sans même en avoir conscience. Voici quelques exemples de phrases involontairement assassines :

« Je ne peux pas, tout de suite. Il faut que je prépare le dîner. »
« Je ne peux pas. Je dois rappeler mon bureau. »
« Pas maintenant. Il faut que j'aille faire les courses. »
« Je n'ai pas le temps. »
« Je ne peux pas. J'ai déjà trop à faire. »
« Je n'ai pas très envie. »
« Ce n'est vraiment pas le moment. »
« J'ai mal à la tête. »
« J'ai autre chose à faire que penser à la bagatelle, à cette heure-ci. »
« J'ai mes règles et j'ai mal au ventre. »

Lorsqu'il entend une phrase de cet acabit, l'homme s'efforce de se montrer compréhensif, mais au fond de lui, il a à chaque fois plus de mal à ne pas percevoir de telles réponses comme un rejet. Et, petit à petit, il cesse de faire des avances à sa partenaire. Il la désire encore, mais, instruit par l'expérience, il préfère attendre qu'elle lui manifeste clairement son désir. Cela le conduit à consacrer une énergie considérable à l'étude et à l'analyse des moindres expressions de sa compagne. Est-ce le bon moment ? Acceptera-t-elle de faire l'amour ? Son anxiété va croissant et, même s'il n'en a pas conscience, il se sent un peu plus rejeté chaque fois qu'il a envie d'elle et se tait.

Les apparences sont trompeuses

Jake et Annie étaient mariés depuis sept ans lorsqu'ils sont venus me consulter et connaissaient des difficultés conjugales depuis près de quatre ans. Passionnément attirés l'un par l'autre au début de leur mariage, ils avaient vu leur ardeur se refroidir peu à peu. Au cours d'une séance, Annie a dit à Jake :

— Cela me manque de ne plus faire l'amour avec toi. Est-ce que j'ai fait quelque chose qui t'a dégoûté ? Tu es en colère contre moi ?

Jake a paru surpris par ces questions.

— Il me semble que j'ai toujours envie de faire l'amour et que c'est toi qui ne veux jamais, a-t-il rétorqué. Souvent, quand j'ai envie de toi, je ne dis rien car je sens que tu n'es pas d'humeur folâtre.

— Comment peux-tu connaître mon humeur sans me demander mon avis ?

— Tu m'as assez souvent repoussé pour que je devine quand tu n'es pas encline aux galipettes.

— Tu es vraiment injuste. Parfois, même si je ne suis pas d'humeur amoureuse, le simple fait de t'entendre me suggérer une étreinte suffit à me faire découvrir que cela me tente fort. Et même si cela ne se produit pas instantanément, prendre conscience de ton désir m'aide à progresser dans cette direction. J'apprécie vraiment que tu prennes l'initiative en amour.

Une fois que Jake et Annie ont découvert l'art du « petit coup vite fait » sans remords, la passion a de nouveau embrasé leur couple.

Pourquoi un homme se sent rejeté

Quand Annie parlait de leur vie sexuelle avec Jake, elle ne comprenait pas qu'il se sente rejeté juste parce qu'elle n'était pas d'humeur à répondre à ses avances. Elle pensait que puisqu'il savait qu'elle aimait faire l'amour avec lui, il ne se vexerait pas de la voir momentanément indisponible. Intellectuellement, Jake était d'accord avec elle, mais émotionnellement, il en allait tout autrement.

Pour toutes sortes de raisons, se sentir repoussé sur le plan sexuel est particulièrement fragilisant et douloureux pour un homme. De par leurs spécificités biologiques et hormonales, les hommes sont beaucoup plus portés sur le sexe que les femmes. Il est naturel que cela occupe plus souvent leur esprit. Et un homme qui ne peut assouvir son désir se sentira plus facilement rejeté qu'une femme placée dans la même situation.

Comme l'homme est plus porté sur le sexe, il se sentira plus facilement rejeté s'il en est privé.

Comme nous l'avons déjà vu, c'est par le biais de leur excitation sexuelle que les hommes se reconnectent le mieux avec leur sensibilité, le cœur d'un homme s'ouvrant à mesure que le désir enflamme ses sens. C'est donc quand un homme brûle d'ardeur et s'apprête à faire des avances à sa compagne qu'il est le plus vulnérable sur le plan affectif. Et c'est dans ces instants, qu'il souffrira le plus cruellement d'un éventuel rejet. Si sa partenaire l'a déjà blessé et repoussé, l'excitation sexuelle ravivera sa douleur. Sans comprendre pourquoi, il sentira alors la colère l'envahir.

Un homme déjà blessé et repoussé par sa partenaire verra l'excitation sexuelle raviver sa douleur. Sans comprendre pourquoi, il sentira alors la colère l'envahir.

Si l'homme ignore comment éviter de se voir repoussé, cela accroît encore sa frustration et sa souffrance. Et, souvent, il finit par cesser de désirer sa partenaire. Incapable de résoudre son problème concrètement, il réussit ainsi à le court-circuiter. Il ne s'agit pas tant d'une désaffection à l'égard de sa partenaire que d'un réflexe d'autoprotection.

Certains redirigent leurs ardeurs vers une femme imaginaire qui ne risque pas de les rejeter ou sur une femme dont ils ne sont pas épris. Dans ce dernier cas, leur indifférence les protège de tout risque de refus douloureux. Cela explique pourquoi un homme peut avoir envie d'une inconnue et ne plus ressentir que froideur pour la femme qu'il aime réellement.

Les femmes aiment le sexe

Les femmes aiment le sexe même s'il est moins aisé pour elles que pour leurs compagnons de prendre conscience de leurs désirs. Les hommes ont fréquemment du mal à comprendre cela car au cours de leur vie d'adulte, ils reçoivent quantité de messages qu'ils interprètent comme des manifestations de désintérêt du beau sexe à l'égard de la bagatelle. Or, pour que sa passion et son désir survivent aux ans, un homme a besoin de sentir clairement que sa partenaire aime faire l'amour avec lui.

Pour que sa passion et son désir survivent aux ans, un homme a besoin de sentir clairement que sa partenaire aime faire l'amour avec lui.

En règle générale, l'appétit sexuel masculin atteint son point culminant vers l'âge de dix-sept ou de dix-huit ans. Une femme, elle, atteint sa pleine maturité sexuelle entre trente-six et trente-huit ans. Cette disparité se retrouve au niveau de la relation intime : l'homme s'excite très rapidement, presque sans préliminaires – avoir l'occasion de faire l'amour lui suffit – alors qu'une femme a besoin de plus de temps. L'homme en déduit tout naturellement que ses compagnes apprécient moins le sexe que lui.

La sexualité d'un homme est aussi influencée par l'attitude de sa mère par rapport au sexe. Un adolescent qui redoute de voir sa mère découvrir son intérêt croissant pour le sexe et les filles risque d'en déduire inconsciemment qu'il est mal de vouloir avoir une vie sexuelle. Et, plus tard, lorsqu'il se trouvera auprès d'une femme qu'il aime, ces sentiments subconscients resurgiront souvent sous forme de petites voix intérieures lui soufflant que s'il manifeste trop de désir, il va dégoûter sa compagne et l'inciter à le repousser.

Un tel passé va rarement jusqu'à empêcher un homme d'accorder un intérêt sain au sexe, mais il le rend plus sensible à tout ce qu'il perçoit comme un rejet. Quand sa partenaire n'est pas d'humeur érotique, il pense subconsciemment : « Je le savais. Mes ardeurs l'indisposent. »

Pour contrecarrer cette tendance masculine à l'autoflagellation, une femme doit sans cesse veiller à laisser subtilement deviner à son partenaire son goût pour le sexe. Accepter des « petits coups vite fait » occasionnels est la meilleure manière de faire passer ce message. Il est également primordial de savoir réagir positivement aux avances de son amant.

Accepter à l'occasion des « petits coups vite fait » et réagir positivement aux avances de son partenaire préservent le désir et la passion au sein du couple.

Comment les hommes s'imaginent à tort rejetés

Il arrive souvent qu'une femme soit potentiellement d'humeur à faire l'amour, mais que son partenaire ne s'en aperçoive pas. Bilan : il se sent rejeté alors qu'elle aurait peut-être souhaité ses avances.

Encore une fois, il s'agit d'un problème d'interprétation. Lorsqu'une femme répond « Je ne sais pas » ou « Je ne suis pas sûre » à une proposition claire de faire l'amour, l'homme y voit un refus poli et se sent rejeté. En réalité, sa compagne a juste voulu dire ce qu'elle a dit : qu'elle ne savait pas ce qu'elle désirait. Les hommes étant comme le soleil – et pas comme la lune –, ils le comprennent mal. Si l'on demande à un homme si une partie de jambes en l'air le tente, il répondra sans tergiverser : soit le soleil est au firmament, soit il est couché, et l'homme sait en général s'il a envie de faire l'amour.

Une femme qui n'est pas certaine de vouloir faire l'amour a juste besoin d'un peu de temps, d'attention et de discussion pour dissiper ses doutes. Dès que son partenaire sait cela, il n'interprétera plus son hésitation comme un rejet et n'abandonnera plus son idée au moindre doute.

Y a-t-il une partie de toi qui veut faire l'amour ?

Pour aider une partenaire qui semble peu fixée sur ses propres *desiderata* à y voir plus clair en elle, son compagnon peut par exemple lui demander : « Y a-t-il une partie de toi qui a envie de faire l'amour avec moi ? » Il recevra presque toujours une réponse positive. Bien des femmes se récrieront même aussitôt : « Bien sûr, une partie de moi a toujours envie de faire l'amour avec toi. » Que voilà de douces paroles !

Parfois, cependant, sa partenaire poursuivra en énumérant les raisons pour lesquelles elle n'a pas envie de faire l'amour. Elle expliquera par exemple : « Je ne sais pas si nous en avons le temps. Il faut encore que je m'occupe du linge et que j'aille acheter le pain », ou encore : « Je ne sais pas où j'en suis. J'ai tellement de soucis, aujourd'hui, que je crois que je ferais mieux de commencer par régler ce dossier. »

Son partenaire aurait cependant tort de croire à un refus sans appel. Il s'agit en réalité pour elle de parler et d'exprimer ses idées afin de déterminer ce qu'elle désire réellement. Et bien souvent, après avoir exposé ses motifs de réticence, elle conclura : « Allons-y ! »

L'homme qui ignore les spécificités de la sexualité féminine risque d'être refroidi par une telle conversation. Se rappeler qu'une partie de sa partenaire veut faire l'amour avec lui lui rendra plus supportable l'évocation des parties d'elle qui n'en ont pas envie. Et même si la femme décide en définitive que ces dernières sont majoritaires, elle pourra toujours proposer à son compagnon un « petit coup vite fait », en attendant une occasion plus propice pour faire vraiment l'amour.

La femme doit elle aussi veiller à user de cette méthode pour aider son partenaire à prendre son mal en patience pendant qu'elle réfléchit à ses désirs réels. Prenons un exemple :

L'homme : – Tu veux faire l'amour ?

La femme : – Une partie de moi adorerait cela, mais je ne suis pas sûre que ce soit une bonne idée. Il faut encore que j'aille faire les courses. Je dois acheter des légumes, etc.

En annonçant d'emblée qu'une part d'elle est fort tentée par sa proposition, elle rend plus facilement admissibles aux yeux de son partenaire toutes les raisons qui font qu'elle n'est peut-être pas d'humeur amoureuse.

Noms de code pour le sexe

Pour nombre de couples, le mot « sexe » possède des connotations négatives ou douloureuses. Même chose pour les verbes qui désignent la pratique de l'acte sexuel. Si les utiliser vous met mal à l'aise, rien ne vous empêche de mettre au point des noms de code secrets propres à votre couple. Et même si les mots justes ne vous dérangent pas, vous pouvez faire cela comme un jeu.

Un couple que j'ai interviewé parle de « faire de la voile ». Pour proposer à sa femme une partie de jambes en l'air, le mari dira par exemple : « Il fait un temps superbe, aujourd'hui. Tu veux aller faire de la voile ? »

Si c'est elle qui prend l'intiative, elle suggérera : « Il a l'air de faire vraiment beau, aujourd'hui. Peut-être pourrions-nous aller... » Son conjoint termine sa phrase : « Faire de la voile ? » Et tous deux sourient, prêts à passer un bon moment.

Si vous avez, comme ce couple, opté pour des métaphores nautiques, vous pourrez par exemple, lorsque vous envisagez une séance particulièrement sensuelle, proposer à votre partenaire une « longue croisière ».

Lorsqu'en revanche, madame ne se sent pas d'humeur érotique et veut suggérer un « petit coup vite fait », elle pourra répondre : « Prenons plutôt le hors-bord, aujourd'hui. » Faites preuve de créativité. Et amusez-vous.

Le sexe et les médias

Les médias ne sont pas étrangers à l'hypersensibilité des hommes à toute forme de rejet. L'homme moderne supporte d'autant plus mal qu'on le repousse sur le plan sexuel que les médias le bombardent chaque jour d'images publicitaires peuplées de créatures idéales dont tout le corps crie : « Oui, je te veux. Je suis prête pour toi. J'ai faim de toi. Je suis à toi. Je veux du sexe et encore du sexe. Viens me prendre. » Un tel message est exaltant, mais un homme qui se laisse tromper par cette illusion finit par penser que tout un chacun a une vie sexuelle brûlante et passionnée, sauf lui. Et s'il est en couple, il s'affole dès que sa partenaire n'est pas d'humeur à « ça ». L'herbe est toujours plus verte sur les écrans de télévision...

Dès que madame se montre moins ardente que monsieur, ce dernier a l'impression qu'elle va lui imposer des épreuves avant de lui ouvrir son lit. Il se sent désavantagé parce qu'il la désire plus violemment qu'elle ne le désire. Il ne comprend pas que, même quand elle a réellement envie de lui, une femme a parfois d'abord besoin de son soutien émotionnel pour pouvoir en prendre conscience.

Ce qui ne signifie pas qu'elle aime moins le sexe que lui, mais simplement qu'elle a besoin de tendresse et d'amour pour pouvoir laisser libre cours à ses pulsions sexuelles. Il suffit souvent pour la mettre d'humeur amoureuse de lui offrir un bouquet de fleurs ou de ranger la cuisine – ne riez pas, messieurs : pendant mes séminaires, les femmes applaudissent toujours vivement ce conseil !

L'homme ne comprend pas toujours que, même quand elle a réellement envie de lui, une femme a parfois d'abord besoin de son soutien émotionnel pour pouvoir en prendre conscience

Aujourd'hui, le sexe est omniprésent dans les médias et pourtant, paradoxalement, j'entends de plus en plus de femmes se plaindre du désintérêt de leur mari pour la bagatelle. Plus les hommes voient d'images empreintes de sexualité à la télévision ou dans la presse, plus ils se sentent facilement rejetés par leur partenaire et moins celle-ci les attire. Mais attention : un homme ne cesse pas de désirer sa compagne parce qu'elle ne peut rivaliser avec les corps parfaits et siliconés des filles des magazines, mais parce qu'il croit qu'elle le repousse et qu'il se sent floué.

Il est primordial que les femmes comprennent que ce n'est pas tant la plastique de ces créatures de rêve qui attire leur compagnon que le message de disponibilité sexuelle qu'elles lui adressent. Inutile, donc, de remodeler votre corps à l'image du leur dans l'espoir de réveiller l'ardeur de votre partenaire. Travaillez plutôt à établir au sein de votre couple une communication positive et apprenez à répondre aux avances de votre amant par des messages non générateurs de rejet sexuel.

Pour réveiller l'ardeur de votre partenaire, il est inutile de remodeler son corps à l'image de celui des créatures de rêve qui peuplent les médias. Mieux vaut travailler à établir au sein de son couple une communication positive et apprendre à répondre aux avances de son partenaire par des messages non générateurs de rejet sexuel.

Pourquoi les hommes se sentent désavantagés

Tant qu'il n'a pas assimilé tout ce qui sépare la sexualité de sa partenaire de la sienne, l'homme se sent désavantagé car il croit que pour faire l'amour, il doit d'abord convaincre sa partenaire.

Il ne devine pas que celle-ci se sent elle aussi frustrée. Elle rêve d'intimité et de communiquer avec lui, mais lui ne semble guère intéressé par cela. C'est pourquoi songer à sa propre susceptibilité pour tout ce qui touche à ces domaines peut aider une femme à mieux comprendre l'hypersensibilité de son partenaire dans le domaine sexuel.

Une femme comprendra mieux l'hypersensibilité masculine dans le domaine sexuel si elle la rapporte à la susceptibilité dont elle fait elle-même

preuve s'agissant de sentiments, de communication et d'intimité.

Il est très douloureux pour une femme qui essaie de parler à son partenaire de se heurter à un mur de silence. Un homme qui voit ses avances sexuelles repoussées éprouve la même chose.

Tant qu'une femme ne comprend pas les différences entre hommes et femmes et tant qu'elle n'a pas appris à mieux communiquer avec le sexe opposé, elle souffre lorsque son partenaire se retire dans sa caverne. À terme, elle risque de ne même plus avoir conscience de son besoin de lui faire partager ses pensées et de s'ouvrir aux siennes. Tout comme une femme peut faire usage de ses nouveaux talents pour attirer son partenaire hors de sa caverne (voir mon livre *Ce que votre mère n'a pu vous dire & ce que votre père ignorait*[1]), ce dernier peut aider sa compagne à s'ouvrir au sexe.

En somme, comprendre nos différences nous enseigne qu'il ne s'agit pas pour nous de chercher à persuader notre partenaire de nous aimer plus ou de faire l'amour avec nous selon nos propre règles, mais de le ou la soutenir. En l'aimant mieux, nous l'encourageons à nous donner l'amour dont nous avons besoin.

Si l'on ignore tout cela, la violente attirance physique des débuts ne résiste pas au passage du temps et, au bout de trois ou quatre ans, n'est plus que cendres. Dans le chapitre suivant, nous étudierons pourquoi les couples d'aujourd'hui font de moins en moins l'amour.

---

1. *What Your Mother Couldn't Tell You & What Your Father Didn't Know.*

7

Pourquoi les couples font moins l'amour

Les couples d'aujourd'hui ont une activité sexuelle bien plus réduite que les médias ne le suggèrent. Bien sûr, les rues sont pleines d'hommes et de femmes affamés de sexe, mais une fois mariés, ils se préoccupent d'une foule d'autres choses et le sexe passe à l'arrière-plan.

Cette désaffection s'explique principalement par le fait que les hommes se sentent rejetés par leur partenaire et que celle-ci les juge insuffisamment romantiques et se croit incomprise. Si on ne le lui a jamais expliqué, une femme ne peut deviner l'hypersensibilité d'un homme qui veut faire l'amour, ni combien un refus peut le blesser. Et son partenaire n'imagine même pas l'ampleur de son besoin de tendresse et d'attentions, ni la nécessité cruciale pour elle de parler pour s'ouvrir à lui et apprécier ses avances.

La désaffection des couples pour le sexe s'explique principalement par le fait que les hommes se sentent rejetés par leur partenaire et que celle-ci les juge insuffisamment romantiques et se croit incomprise.

Pour que les hommes cessent de se sentir rejetés, les couples doivent apprendre à communiquer librement, positivement et sans gêne à propos du sexe, et en particulier des avances sexuelles. Un homme qui pense sincèrement que sa partenaire apprécie leurs étreintes et se voit régulièrement rassuré sur ce point conservera une ardeur inchangée.

> **Un homme qui pense sincèrement que sa partenaire apprécie leurs étreintes et se voit régulièrement rassuré sur ce point conservera une ardeur sexuelle inchangée.**

De même, lorsqu'une femme perçoit son partenaire comme un amant expérimenté et qu'elle se sent soutenue dans le cadre de leur couple, son désir pour lui perdurera. Une bonne communication et un soutien aimant demeurent toutefois à ses yeux les éléments déterminants d'une relation amoureuse. Pour l'homme, cela compte aussi, mais rarement autant que son succès sexuel auprès de sa compagne.

> **Lorsqu'une femme perçoit son partenaire comme un amant expérimenté et se sent soutenue dans le cadre de leur couple, son désir pour lui perdure.**

Avances sexuelles et conversation

Un homme assuré de voir ses avances sexuelles recevoir un bon accueil continuera de prendre l'initiative avec sa partenaire. Si en revanche, il redoute qu'elle le repousse ou pense qu'elle attend de lui qu'il la persuade à chaque fois de céder à ses invites, il se découragera et, au bout du compte, adoptera un rôle passif, voire se désintéressera du sexe. Pour que la passion qu'il voue à la femme de sa vie grandisse, il lui faut se sentir libre de l'approcher sans risque de rebuffade.

De la même façon, une femme a besoin de savoir que son partenaire est toujours là pour la comprendre et l'écouter. S'il n'est pas d'humeur à bavarder, un homme doit le signaler aimablement. Il pourra par exemple déclarer : « Ce que tu éprouves m'intéresse vraiment, mais j'ai besoin de rester seul un moment. Tu veux bien que nous en parlions après ? » Sa partenaire sera extrêmement touchée qu'il fasse l'effort de se préoccuper de ses sentiments et qu'il prenne la peine de revenir effectivement auprès d'elle plus tard pour poursuivre leur conversation avortée. Elle se sent aimée.

Lorsque, de son côté, elle n'est pas d'humeur amoureuse, elle doit faire preuve envers son partenaire d'une considération identique et, pour lui exprimer sa tendresse, veiller à lui rappeler combien elle adore faire l'amour avec lui et lui faire comprendre qu'elle reviendra bientôt à de meilleures dispositions. Et afin de mieux encore le choyer, elle l'encouragera à exposer plus librement encore ses désirs sexuels. Car tout comme une bonne communication au sein de son couple aide une femme à mieux apprécier le sexe, une sexualité épanouie rend automatiquement un homme plus aimant.

Tout comme une bonne communication au sein de son couple aide une femme à mieux apprécier le sexe, une sexualité épanouie rend automatiquement un homme plus aimant.

Quand une femme veut plus de sexe

Quand un homme évite de prendre l'initiative en matière sexuelle pour ne pas risquer de rebuffade, cela signifie en pratique qu'il n'agit que lorsque sa partenaire a initié le mouvement. Ce qui lui donne la déplaisante impression de devoir toujours attendre le bon plaisir de cette dernière, si bien que son désir s'étiole peu à peu sans qu'il devine même pourquoi. Lorsque cela se produit, l'équilibre des désirs s'inverse et son appétit sexuel devient inférieur à celui de sa compagne. Et, bien souvent, celle-ci s'affole un peu.

La frustration la gagne et va croissant car plus elle désire son partenaire, moins celui-ci manifeste d'ardeur. Il se met à interpréter le décalage entre la libido de sa partenaire et la sienne comme le signe qu'il n'est pas à la hauteur de ses attentes et cela le refroidit encore plus.

Le désir sexuel repose sur un équilibre fragile et les hommes sont plus vulnérables que les femmes à une rupture de cet équilibre. Un homme qui aspire à une vie amoureuse plus intense peut espérer, à force d'avances respectueuses et patientes, subjuguer sa partenaire au point que son appétit sexuel s'aligne sur le sien. Lorsqu'en revanche, la femme est plus ardente que son partenaire et se plaint sans cesse du manque d'enthousiasme de ce dernier, elle risque d'éteindre durablement ses ardeurs. Le sexe tourne pour lui à un exercice obligatoire dans le cadre duquel il est tenu de fournir une prestation adéquate.

Si les femmes savent combien une obligation de résultat peut inhiber leur excitation, elles ignorent que pour l'homme, c'est encore dix fois pire. Lui ne peut en effet pas simuler un désir qu'il n'éprouve pas : s'il n'a pas d'érection, sa partenaire comprend aussitôt qu'il n'est pas dans l'ambiance. Il supporte de ce fait d'autant plus mal les pressions exercées sur lui. Elles achèvent même de le refoidir totalement. Lorsqu'un homme a l'impression qu'il est tenu d'honorer sa partenaire ou d'avoir une érection, rien – et j'entends par là absolument rien – ne se produit dans son pantalon.

Comme un homme ne peut simuler un désir qu'il n'éprouve pas, il est encore plus angoissant pour lui de se sentir tenu de réagir aux avances de sa compagne que pour une femme placée dans le cas de figure inverse.

Ce qu'elle peut faire quand il n'est pas d'humeur à « ça »

Bien des couples abandonnent la partie à ce stade de dégradation de leur vie sexuelle. Consciente de l'embarras de son partenaire, la femme fait machine arrière. Elle ne sait que faire pour débloquer la situation : si elle tente de discuter du problème, il perçoit cela comme un reproche et lorsqu'elle tente une avance, il est toujours fatigué ou mal disposé.

Heureusement, il existe des solutions. Tout comme un homme peut se contenter d'un « petit coup vite fait » quand sa partenaire n'est pas d'humeur amoureuse, celle-ci peut recourir à certaines techniques quand l'inverse se produit.

De même qu'un homme peut se contenter d'un « petit coup vite fait » quand sa partenaire n'est

pas d'humeur amoureuse, celle-ci peut recourir à certaines techniques quand l'inverse se produit.

David et Sue ont vécu une telle situation. À une certaine époque, Sue avait beaucoup plus souvent envie de faire l'amour que David. David a assouvi de bonne grâce l'appétit sexuel d'ogresse de sa partenaire pendant plusieurs semaines avant de commencer à s'en lasser. C'était pour lui une expérience nouvelle : jamais auparavant il n'avait été confronté à une femme plus portée sur le sexe que lui.

Ne sachant dire non à Sue, il se forçait à « assurer » même quand il n'en avait pas envie, plusieurs fois par semaine, voire parfois plusieurs fois par jour. Mauvaise solution car, très vite, cela lui est apparu comme une contrainte insupportable. Le sexe n'était plus pour lui un plaisir, mais un devoir qui ne lui procurait plus aucun bien-être. David a donc résolu d'apprendre à refuser une étreinte.

Il ignorait cependant comment s'exprimer pour ne pas blesser Sue et pour éviter qu'elle se sente rejetée. Un soir qu'elle était blottie contre lui devant la télévision et lui caressait lentement la cuisse, il a posé la main sur la sienne pour l'immobiliser et lui a dit : « Je suis épuisé, ce soir. J'ai vraiment besoin de regarder le journal télévisé. » Et comme il ne voulait surtout pas paraître la repousser, il a ajouté sans réfléchir : « Pourquoi ne commencerais-tu pas sans moi ? Je te rejoindrai plus tard. »

Sue s'est éclipsée et David a reporté son attention sur l'écran de télévision et peu à peu tout oublié de ce dialogue. Quarante-cinq minutes plus tard, il était sur le point de s'assoupir quand une petite voix l'a appelé depuis leur chambre : « David ? Je suis prête. »

La moitié inférieure de son corps se réveilla comme

par miracle et il répondit : « J'arrive ! » Quand il la rejoignit, Sue était au bord de l'orgasme car elle venait de passer quarante-cinq minutes à se caresser en imaginant les mains et les lèvres de David sur elle. Rien d'étonnant, donc, à ce qu'elle ait atteint l'orgasme deux minutes après qu'il l'eut pénétrée. David jouit quelques secondes plus tard. Tous deux étaient ravis. Sue avait eu l'étreinte qu'elle appelait de ses vœux et David avait vécu une expérience divine, bien plus délicieuse encore qu'un « petit coup vite fait » puisque, sans fournir aucun effort, il avait néanmoins eu la joie de donner un orgasme à Sue.

Prendre la responsabilité de notre propre plaisir

Ce soir-là, au lieu de se consumer en reproches, Sue a pris sur elle de se satisfaire elle-même. Prendre ainsi ses responsabilités est très sain. Dans l'idéal, nul ne devrait jamais, dans aucun domaine d'une relation, rendre son partenaire responsable de son insatisfaction. Cela est particulièrement vrai en matière de sexe car il est très difficile de combler ses propres besoins à cet égard sans trahir son partenaire. Voilà pourquoi la masturbation est si utile.

Se charger de son propre plaisir a délivré Sue de sa dépendance envers David et de la frustration qu'elle concevait s'il n'était pas disponible quand elle le souhaitait. Elle a tiré le meilleur parti possible de la situation en s'allongeant dans leur lit et en imaginant qu'il lui faisait l'amour. Elle s'est caressée en prenant tout son temps, laissant la tension sexuelle grandir en elle, si bien que quand David l'a pénétrée, elle était déjà au bord de l'orgasme.

Plus tard, David lui a dit qu'il avait adoré sa tactique. Il a ajouté qu'elle détenait là un excellent moyen de le faire changer d'avis lorsqu'il n'était pas d'humeur amoureuse. L'indisponibilité de David ce soir-là a en fin de compte permis à Sue d'exprimer sa sexualité plus librement. Et grâce à cela, elle sait que David l'honorera aussi souvent qu'elle le souhaitera.

Un homme fatigué et pas d'humeur à « ça » apprécie grandement que sa partenaire prenne ses réticences avec le sourire. Sinon, il lui semble qu'elle fait peser sur lui une obligation.

Quand son partenaire n'a pas envie de faire l'amour, une femme peut aussi le laisser s'assoupir à son côté pendant qu'elle se masturbe langoureusement. Une fois prête à l'accueillir en elle, une vingtaine de minutes plus tard, elle se tournera vers lui et se frottera doucement, mais fermement contre lui. Il y a fort à parier que quand il s'éveillera au contact de son sexe humide, il se montrera plus que disposé à lui accorder ce qu'elle souhaite. Cette méthode les laissera tous deux satisfaits.

Agir ainsi assure à une femme de ne plus jamais être privée de plaisir sexuel. C'est pour cela qu'il est bon qu'une femme se masturbe auprès de son compagnon et pas seulement quand il est absent. Si son partenaire voyage beaucoup, il arrivera à une femme d'éprouver l'envie de se caresser en son absence. Elle a tout intérêt à le lui raconter car savoir qu'elle n'a pas pu attendre son retour excitera encore plus celui-ci. Peut-être même cela l'incitera-t-il à raccourcir ses déplacements...

Je recommande également vivement à chacun des deux partenaires de faire savoir à l'autre quand il se masturbe, afin de lui laisser le loisir de se mêler à ses jeux de mains.

Quand vous vous masturbez, signalez-le à votre partenaire afin de lui laisser la possibilité de se mêler à vos jeux de mains.

Revenir au sexe

Bien souvent, quand un couple a cessé toute vie sexuelle, réamorcer celle-ci se révèle malaisé. Que cette interruption soit due à une maladie, à une dispute ou à une période de stress intense, il est très difficile pour le couple de retrouver un rythme sexuel régulier, surtout s'il n'a pas fait l'amour depuis longtemps. Mais avec de bonnes techniques sexuelles, ces problèmes se dissipent rapidement.

Jim est demeuré sans travail pendant plusieurs mois, ce qui l'a beaucoup déprimé. Pour Julie, son épouse depuis treize ans, ce fut une période de grande frustration car non seulement Jim passait le plus clair de son temps dans sa caverne, mais en plus, il ne lui faisait plus l'amour. Comprenant le besoin d'espace de son mari, elle a cependant su déployer des trésors de patience et faire taire son ressentiment. Enfin, Jim a retrouvé un emploi et tout est rentré dans l'ordre... sauf leur vie sexuelle, qui demeurait inexistante.

Je leur ai conseillé l'approche suivante. Quand Julie voudrait faire l'amour, elle annoncerait à son mari quelque chose dans ce style : « J'ai vraiment envie de toi, ce soir, mais je vois que tu es épuisé. Je comprends que tu n'aies pas envie de faire l'amour, mais je me disais que je pourrais me masturber en pensant à toi. Quand j'approcherai de l'orgasme, si tu veux te joindre à moi, tu seras le bienvenu. Et si tu n'en as pas envie, je ne t'en voudrai pas. »

Le lendemain, Julie a laissé un message extatique sur mon répondeur pour me remercier et me dire que ma méthode avait fonctionné à merveille. Jim m'était lui aussi très reconnaissant de mes conseils. Parfois, il suffit d'une expérience agréable pour remettre un homme en selle. Il n'est de meilleur aphrodisiaque que le sexe lui-même et plus il est facile de faire l'amour, plus on a envie de le faire.

L'approche indirecte

Une autre tactique efficace pour faire changer d'avis un homme qui n'a pas envie de faire l'amour consiste à lui prodiguer des avances claires mais indirectes.

Une femme à qui on laisse le loisir de refuser de faire l'amour et d'expliquer pourquoi tournera souvent casaque pour se découvrir en fait assez tentée par une étreinte. Chez l'homme, une telle tactique ne fonctionne pas du tout. Une fois qu'il a répondu par la négative, il est très difficile de le faire revenir sur sa décision. Tout se passe comme si son refus avait été gravé dans la pierre. Et si sa partenaire insiste, il se braque, persuadé qu'elle cherche à le contraindre à se plier à ses désirs.

> **Une fois qu'un homme a dit qu'il ne voulait pas faire l'amour, son refus est comme gravé dans la pierre. Si sa partenaire insiste, il se braque, persuadé qu'elle cherche à exercer une contrainte sur lui.**

En revanche, des avances indirectes lui laissent le temps de peser en lui-même le pour et le contre et, éventuellement, de se laisser gagner par l'excitation. Pour faire subtilement deviner son désir à son partenaire, une femme peut recourir à divers signaux.

À noter : les hommes d'humeur amoureuse apprécient eux aussi de recevoir de tels signes indicateurs de l'ardeur de leur partenaire.

Chaque femme possède son propre code amoureux, mais voici quelques exemples de messages qu'elle peut transmettre simplement par le biais des vêtements qu'elle arbore au lit. Bien entendu, les interprétations que je donne ci-après ne constituent que des indications d'ordre général.

De la dentelle noire ou un porte-jarretelles

Porter de la dentelle noire ou un porte-jarretelles est le signe clair que l'on songe à la bagatelle. Une femme (dé)vêtue de dessous noirs soyeux et suggestifs affirme qu'elle sait ce qu'elle veut : une étreinte brûlante et intense. Non seulement elle a envie de faire l'amour, mais elle désire follement son partenaire.

Du satin blanc fluide

En choisissant du satin blanc et fluide, une femme indique à son partenaire son souci d'être aimée avec douceur, tendresse et sensibilité. Elle aimerait qu'il la traite comme une vierge, prenne son temps et la choie.

De la soie rose ou de la dentelle

Pour la femme qui porte de telles matières, le sexe est l'expression romantique de sa vulnérabilité féminine et l'occasion de s'abandonner sans retenue aux caresses les plus folles. Elle veut sentir la force de son amant et se fondre dans son amour. Elle dissimule en elle des trésors de passion qui ne demandent qu'à s'enflammer au contact de l'ardeur de son partenaire et de l'amour qu'il lui porte.

Un parfum sensuel et des senteurs exotiques

Une femme parfumée d'effluves capiteux désire que son amant la hume et la savoure sensuellement. Attention cependant, messieurs : les parfums et senteurs exotiques enflamment les sens. Veillez donc plus que jamais à contrôler votre ardeur et votre impatience. Sachez savourer chaque étape de l'étreinte, vous interrompre de temps à autre pour mieux reprendre et répéter vos dernières caresses, avant de gagner en audace.

Des sous-vêtements noirs

Une femme qui porte un soutien-gorge et un slip noirs souhaite séduire, exciter et se montrer plus audacieuse qu'à l'accoutumée. Mais même si elle joue les amazones et attend de son partenaire qu'il se prête au jeu, elle n'en aspire pas moins à ce qu'il finisse par reprendre le contrôle des événements et domine sa passion tandis qu'elle-même cédera à la sienne.

Une chemise de nuit courte et flottante sans rien dessous

Lorsqu'une femme porte un petit T-shirt féminin accompagné d'un slip assorti ou une chemise de nuit courte sans rien dessous, le message qu'elle exprime est plus vague. Certes, elle n'est a priori pas d'humeur violemment érotique, mais il se peut néanmoins qu'elle aspire à faire l'amour. Il est également possible qu'elle ne le souhaite pas et qu'elle ait seulement envie de sentir son partenaire bouger et jouir en elle sans aller elle-même jusqu'au plaisir.

Rien du tout

Si une femme se couche nue alors qu'elle sait que son partenaire veut faire l'amour, cela signifie qu'elle est ouverte à tout type de sexe ou à toute éventualité.

Des boucles d'oreilles et des bijoux

Une femme qui porte des bijoux au lit se sent belle et désire que son partenaire l'adore telle une idole, la couvrant de baisers et de caresses. Elle aspire à une étreinte lente et sensuelle. Son compagnon ne doit pas omettre de la complimenter à haute voix sur sa beauté.

Un vieux pyjama de pilou

Le message est on ne peut plus clair : elle n'est pas d'humeur à « ça » ! Profitez-en pour lui faire un câlin tendre et lui témoigner votre amour de manière non sexuelle.

S'habiller pour l'amour

En laissant ses vêtements refléter son humeur amoureuse, une femme aide beaucoup son partenaire à se sentir désiré et accueilli sur le plan sexuel. Les messages énumérés ci-dessus ne se décryptent pas de manière identique pour toutes les femmes, mais ils constituent des points de référence pour lire les signaux sexuels émis par nos compagnes. Ils peuvent aussi aider ces dernières à prendre conscience de l'importance de s'habiller pour l'amour de manière à séduire leur amant, mais aussi pour se plaire à elles-mêmes et se sentir bien.

Je me suis pour ma part penché de plus près sur les messages vestimentaires de ma femme à la suite d'un petit incident. Alors que nous nous enlacions depuis un moment au lit, elle s'est soudain écartée et m'a annoncé son intention de se changer.

— Quelle importance, ai-je protesté, puisque je vais de toute façon te déshabiller.

Elle m'a souri avant de m'expliquer :

— Je sais, mais je veux que tu m'ôtes le bon vêtement. Celui-ci ne correspond pas à ce que j'éprouve aujourd'hui.

À compter de ce jour, j'ai observé de beaucoup plus près ses tenues et les signaux qu'elle m'adressait à travers eux.

D'autres signaux sexuels

Il existe maintes autres façons pour une femme d'exprimer à un homme son envie de faire l'amour sans se montrer trop directe. Étudions-en ensemble quelques exemples.

Certains d'entre eux vous plairont sûrement ; d'autres pas. Sélectionnez-les à votre guise, comme si vous parcouriez les rayons d'un magasin. Et, qui sait, peut-être quelques-uns vous inspireront-ils des signaux personnels !

Allumer des bougies

Susan allume une bougie ou un bâtonnet d'encens près du lit conjugal quand elle a envie de son mari.

Rachel, elle, dispose des bougies sur la table du dîner.

Manger du chocolat

Quand Sharon demande à Tim de lui offrir une barre de chocolat au cinéma, il sait que la nuit sera chaude. Sa femme a en effet des envies de chocolat les jours où son corps réclame un violent orgasme.

Faire du feu

Quand elle a envie de faire l'amour, Carol fait du feu dans sa chambre ou demande à son mari d'en faire. Et pendant qu'il empile le petit bois et les bûches, elle le regarde faire en lui faisant bien comprendre combien elle apprécie qu'il prenne le temps de sacrifier à ce petit rituel.

L'attendre pour vous coucher

Normalement, quand Grant rentre tard de voyage, Theresa se couche sans l'attendre. Parfois, il la trouve avec un livre. Si elle le pose ouvertement dès qu'il pénètre dans la pièce, Grant comprend qu'elle est d'humeur amoureuse.

Préparer son plat préféré

Pour laisser deviner à son mari qu'elle souhaite une partie de jambes en l'air, Karen prépare du saumon accompagné de purée, le plat favori de l'intéressé.

Rapporter des pistaches

Depuis qu'un jour Tom a raconté à Joyce que les pistaches agissaient sur lui comme un aphrodisiaque, celle-ci lui signale qu'elle le désire en rapportant des pistaches fraîches du marché. Parfois, elle en pose sur la table dès le matin : cela laisse à Tom toute une journée pour fantasmer sur la soirée qui les attend.

Boire un vin spécial

Margaret sort une bouteille d'un vin que son mari et elle apprécient tout particulièrement pour lui indiquer son envie de faire l'amour. Parfois, elle lui demande aussi d'en acheter en rentrant de son bureau.

Se blottir contre lui

Quand Cheryl se blottit contre son mari en marchant, il devine qu'elle souhaite rentrer au plus vite pour lui faire subir les derniers outrages.

Lui donner trois baisers

Quand Maggie accueille son mari le soir et veut lui transmettre un message sensuel, elle l'embrasse trois fois d'affilée. Ces trois petits baisers suffisent à accélérer le pouls de l'époux ainsi salué.

Lui masser les pieds

Pour lui exprimer son désir, Evelyn demande à son mari de lui masser les pieds.

Leslie, elle, propose à son partenaire un massage des pieds. Ces deux tactiques fonctionnent aussi bien l'une que l'autre.

Hisser les couleurs

Les peuples nomades de Mongolie usent d'un signal sexuel que j'apprécie tout particulièrement. Quand une femme souhaite faire l'amour, elle hisse un petit drapeau au-dessus de la yourte familiale. Lorsque à son retour au campement, son mari voit ledit drapeau et en saisit le message, il s'en empare avant de courir chercher une sorte de lasso. De son côté, la femme saute en selle pour s'enfuir au grand galop. Son partenaire se lance alors à sa poursuite, l'attrape au lasso et la fait chuter de cheval, après quoi, ils luttent à terre pendant quelques instants avant de faire l'amour. Ce petit rituel leur assure des étreintes passionnées. Muni de l'autorisation indirecte mais non moins claire de son épouse, le mari la poursuit et s'empare d'elle. Et de son côté, bien qu'elle contrôle en réalité la situation, la femme a l'impression d'être poursuivie avant de s'abandonner avec passion entre les bras de son « ravisseur ».

Langage corporel et sexe

Le lieu où une femme se change et se prépare pour la nuit fournit lui aussi de précieuses indications quant à son état d'esprit. Lorsqu'elle se dévêt discrètement face à son placard, cela signifie généralement qu'elle n'est pas d'humeur amoureuse. Si en revanche elle dispose sa chemise de nuit sur le côté du lit dévolu à son partenaire et se déshabille à cet endroit-là, il peut raisonnablement en déduire qu'elle attend ses avances.

Une femme qui use de ce dernier signal de disponibilité sexuelle n'obtiendra pas toujours la réaction escomptée, mais même si son partenaire n'est pas tenté pour le moment par son offre indirecte, elle le prépare efficacement à la désirer plus tard. S'il est épuisé, il peut, au lieu d'expliquer qu'il n'a pas envie de faire l'amour – ce que beaucoup d'hommes jugent très gênant – se contenter de se blottir dans son oreiller avec un soupir d'aise en disant : « Aaah, que je suis content de me coucher. Je tombe de sommeil. » Le message est clair.

Cette tactique épargne à sa partenaire de se sentir repoussée et évite à l'intéressé de devoir se justifier.

Quand questionner un homme le glace encore plus

Bombarder un homme de questions pour savoir pourquoi il n'est pas d'humeur amoureuse achèvera de doucher ses ardeurs et risque de surcroît de le retenir durablement de désirer sa partenaire. Voici une liste de questions à ne surtout pas poser (et de commentaires à garder pour vous) si votre compagnon oppose une sourde oreille à vos invites sexuelles.

« Qu'est-ce qui ne va pas ? »
« Tu n'aimes plus faire l'amour avec moi ? »
« Avant, tu avais tout le temps envie de moi. »
« C'est parce que j'ai grossi ? »
« Je te plais toujours ? »
« Je ne t'excite plus ? »
« Tu m'aimes encore ? »
« Peut-être devrions-nous en parler ? »
« Nous devrions peut-être consulter un spécialiste. »
« Est-ce que nous referons un jour l'amour ? »
« Je t'ai vu regarder d'autres femmes, ce soir. Tu ne veux plus de moi ? »
« Tu préférerais être avec quelqu'un d'autre ? »
« J'ai fait quelque chose qui t'a déplu ? »
« Pourquoi ne veux-tu pas faire l'amour ? »
« Qu'est-ce qui se passe ? Quelque chose ne va pas ? »

S'il est légitime qu'une femme souhaite obtenir une réponse à de telles questions, mieux vaut pour elle éviter de les poser lorsqu'elle vient de se dévêtir devant son partenaire et qu'il lui a fait comprendre qu'il était fatigué et préférait les bras de Morphée aux siens. Elle doit au contraire dédramatiser cet instant délicat en agissant comme si tout allait bien. Ce n'est pas le moment d'exiger de son partenaire qu'il la rassure sur la profondeur de son amour.

En adoptant une attitude neutre et sereine, elle indiquera à son compagnon qu'elle comprend qu'il ne soit pas d'humeur amoureuse, qu'elle ne lui en tient pas rigueur et qu'elle reste disponible si d'aventure il changeait d'avis.

Deux solutions s'offrent alors à elle : soit elle se console en se disant qu'ils feront l'amour une fois prochaine, soit, si elle est vraiment excitée, elle se caresse. Il est très important que les hommes admettent que leur partenaire se masturbe et se donne un orgasme si elle a envie d'en avoir un et qu'eux ne sont pas d'humeur à « ça ». La compréhension régnera alors au sein de leur couple. Un homme qui sait que sa partenaire acceptera aussi bien qu'il décide de prendre en marche le train du plaisir ou qu'il préfère s'endormir sera plus tenté d'intervenir juste avant que sa compagne atteigne l'orgasme. Le succès de cette méthode vient de ce qu'elle ne fait peser aucune pression sur l'homme.

Il peut néanmoins être utile qu'il rassure par avance sa partenaire et lui confirme qu'il accepte qu'elle le réveille sensuellement juste avant de jouir.

Quand les hommes cessent de prendre l'initiative

Les couples cessent de faire l'amour pour deux raisons majeures : soit parce que l'homme cesse de faire des avances à sa partenaire, soit parce que celle-ci lui en fait trop.

Si c'est toujours la femme qui prend l'initiative en matière amoureuse, elle ne tardera pas à se lasser de la situation. Son partenaire se montrera pour sa part de moins en moins ardent. Les femmes ignorent en effet trop souvent qu'à pourchasser un homme plus qu'il ne les sollicite, elles le rendront passif. Si au lieu de s'en tenir à de discrètes invites destinées à lui faire comprendre que ses avances seraient les bienvenues, elles font tout le travail à sa place, le sexe perd peu à peu pour lui de son intérêt, sans qu'il sache même pourquoi.

En laissant libre cours à son instinct de chasseur, une femme extériorise son côté masculin. En contrepartie, son compagnon va inévitablement se « féminiser ». Ce déséquilibre détruira lentement la passion au sein de leur couple. Lorsqu'en revanche, elle se contente d'avances indirectes, la femme permet à un homme de communier avec sa masculinité et de prendre conscience de son désir pour elle.

En se bornant à des avances indirectes, une femme permet à son partenaire de communier avec sa masculinité et de prendre conscience de son désir pour elle.

Bien souvent, l'homme ne comprend même pas pourquoi son ardeur s'est envolée. Il en déduit parfois à tort que sa partenaire ne l'attire plus alors qu'en réalité, c'est l'agressivité qu'elle déploie sur le plan sexuel qui le rebute. Même les hommes qui apprécient a priori qu'une femme prenne l'initiative au lit s'étonnent de voir leur désir s'étioler rapidement.

J'entends souvent des femmes se plaindre de devoir toujours prendre l'initiative à la place de leur partenaire. Je leur suggère de plutôt s'attacher à lui faire comprendre par des signaux subtils qu'elles accueilleraient volontiers ses avances.

Plutôt que de prendre l'initiative avec son partenaire, une femme doit s'attacher à lui faire comprendre qu'elle accueillerait volontiers ses avances.

Attention : cela ne signifie pas qu'une femme ne doit *jamais* prendre l'initiative en matière sexuelle. Les problèmes ne surgissent que lorsque c'est elle qui le fait *la plupart du temps*.

Quand une femme ne s'intéresse pas au sexe

Un homme perd facilement courage s'il lui semble que sa femme attache moins d'importance au sexe que lui ne le fait. Et, à terme, si elle omet de lui rappeler par des signaux constants combien elle apprécie ses attentions sexuelles, il finira par se détacher d'elle. Soudain, les inconnues – ces femmes qui ne l'ont pas encore rejeté – lui paraissent incomparablement plus attirantes que la femme qui partage son lit. Une frontière ténue le sépare alors de l'aventure extra-conjugale...

Lorsqu'un couple ne communique plus et que son entente sexuelle s'effrite, les femmes se réfugient volontiers dans leurs fantasmes, alors que les hommes soulagent leurs frustrations par le biais d'escapades.

Le sexe extra-conjugal a des siècles durant été l'apanage quasi exclusif de la gent masculine. Les femmes se consacraient avant tout à leur foyer et à leur famille, bien plus importants à leurs yeux qu'un épanouissement sexuel que la plupart d'entre elles percevaient comme un luxe inaccessible. L'époux se consolait de leur froideur en allant discrètement chercher son plaisir entre les bras d'autres femmes. Malheureusement, lorsqu'un homme détourne son énergie sexuelle de sa femme, il devient très difficile pour celle-ci d'être suffisamment comblée sur le plan émotionnel pour éprouver du désir physique. Ce mode de vie préservait la cellule familiale, mais pas l'amour.

Ces hommes ignoraient qu'ils possédaient la capacité de réveiller la sensualité endormie de leur partenaire. Ils ne connaissaient pas les techniques amoureuses dont nous usons aujourd'hui.

> **Les hommes recouraient aux aventures extra-conjugales avant tout parce qu'ils ignoraient leur capacité de réveiller la sensualité de leur femme.**

Chacun de nous peut ranimer la flamme de la passion au sein de son couple, même si celle-ci paraît totalement éteinte. Le prochain chapitre sera consacré à l'art et la manière de procéder pour y parvenir.

8

Comment ranimer la flamme de la passion

Un homme et une femme qui se sentent sexuellement attirés l'un par l'autre lorsqu'ils sont séparés – pendant la journée, par exemple – voient fréquemment leur désir s'envoler dès qu'ils se retrouvent à la maison. L'homme qui fantasme sur sa femme au beau milieu de l'après-midi aura perdu cette envie d'elle une fois dans leur chambre, et vice versa. Ce dysfonctionnement peut résulter d'une foule de raisons.

Il arrive tout d'abord souvent que le quotidien et son cortège de problèmes domestiques ainsi que le temps consacré aux enfants aient insensiblement pris le pas sur les sentiments amoureux. La routine est l'ennemie de la passion, on le sait.

La persistance d'un vague ressentiment lié à une conversation désagréable ou à une dispute peut également inhiber la sexualité du couple. Même si, en apparence, le problème a été réglé, il ne l'a pas été à la satisfaction des deux parties et un déplaisir latent resurgit inconsciemment dès que mari et femme sont en tête à tête. Bilan : ils n'éprouvent plus de désir l'un pour l'autre.

Bien qu'en règle générale, il faille d'abord améliorer

la communication dans la relation de couple avant de se préoccuper de sexualité, il arrive qu'une étreinte tendre fasse des miracles. La disponibilité sexuelle d'une femme peut lui ouvrir le cœur de son partenaire. De même, lorsqu'ils sont en froid, faire l'amour avec lui et sentir qu'il lui exprime ses sentiments à travers son ardeur pourra parfois aider sa femme à s'ouvrir à lui.

Une fois la passion ravivée, l'émoi partagé pendant une étreinte sexuelle aide à arrondir les angles et à oublier les petites blessures d'amour-propre.

Bien qu'en règle générale, il faille d'abord améliorer la communication dans la relation de couple avant de se préoccuper de sexualité, il arrive qu'une étreinte tendre fasse des miracles.

Il se peut aussi que les deux partenaires aient tout simplement perdu l'habitude de faire l'amour. Quand ils sont hors de chez eux, leurs désirs se manifestent normalement, mais une fois à la maison, ils retombent sous l'emprise d'une routine qui ne laisse aucune place aux étreintes. Il devient alors indispensable de recourir aux techniques amoureuses afin de débloquer la situation. Si l'on maîtrise bien ces dernières, la passion renaîtra sans tarder de ses cendres.

Escapades romantiques

La méthode la plus simple pour raviver une passion languissante est de s'accorder une escapade romantique à deux. Passez la nuit à l'hôtel, changez de décor, brisez la routine et oubliez momentanément vos responsabilités domestiques. Choisissez évidemment pour cette parenthèse amoureuse un cadre aussi agréable que possible.

Efforcez-vous de vous échapper ainsi au moins une nuit par mois. Si vous n'avez pas la possibilité de vous rendre dans un lieu de villégiature ou dans une autre ville, réservez une chambre dans un hôtel de votre ville. Il suffit souvent de changer de lit pour obtenir l'effet escompté.

Les femmes ont particulièrement besoin de tels changements de décor pour laisser libre cours à leur sensualité. Hors de son cadre familier, une femme peut en effet plus facilement oublier ses responsabilités d'épouse et de mère. Se trouver en un lieu esthétiquement agréable lui permet en outre de s'éveiller à sa beauté intérieure.

> **Les femmes ont particulièrement besoin de changements de décor pour laisser libre cours à leur sensualité.**

Quand s'échapper ?

Bien souvent, les hommes attendent que leur partenaire leur adresse des signaux sexuels clairs pour décider d'une petite escapade. C'est une erreur. Le but de l'escapade est d'aider sa compagne à se mettre d'humeur érotique. Si elle l'est déjà, l'opération perd de son intérêt.

Lorsqu'une femme n'a pas pu quitter son foyer ni laisser libre cours à sa sensualité pendant une longue période, son appétit sexuel est souvent assoupi. Elle a besoin pour retrouver son ardeur et pour se sentir belle et aimée, de rompre avec le train-train quotidien. Le simple fait d'envisager un week-end ou une soirée en amoureux l'aide à commencer à reprendre contact avec ses sens.

Son partenaire doit également se rappeler qu'une femme a souvent besoin de parler pour se détendre et évacuer son stress avant de pouvoir s'abandonner à l'amour. Si leur escapade romantique comporte un trajet en voiture, ils pourront discuter en chemin et elle arrivera à destination détendue, de bonne humeur, et capable de se laisser aller à des sentiments qui n'auraient pu s'exprimer à la maison. Parfois elle voudra faire l'amour immédiatement, parfois elle préférera faire d'abord une promenade ou dîner au restaurant. Se sentir choyée lui permet d'oublier que c'est d'ordinaire elle qui prend soin des autres. Et cela réveille ses désirs les plus profonds.

Pour aider une femme à se relaxer, son partenaire peut aussi l'emmener faire les boutiques, si elle aime cela. Je sais que cela demandera à la plupart de mes congénères un immense effort, mais nombre de magasins mettent aujourd'hui des chaises à la disposition des maris éreintés à proximité des cabines d'essayage. Peu importe que votre compagne trouve ou non son bonheur pendant cette expédition, car le simple fait de déambuler entre les rayons et de se demander ce qui lui plaît suffit à l'aider à reprendre conscience de ses propres désirs.

Il est primordial pour une femme d'explorer ainsi à loisir ses besoins, ses goûts, ses souhaits et ses aspirations. Cela la prépare à une nuit de folle sensualité et de passion débridée. D'où l'intérêt pour son partenaire de se plier de bon gré à une petite expédition-shopping !

D'ailleurs, quand une femme est manifestement heureuse et apprécie tout ce qui l'entoure, son partenaire se laisse lui aussi gagner par son enthousiasme, même s'il était au départ un brin réticent. Il est fier et heureux de la rendre aussi joyeuse. En d'autres termes, laisser leurs problèmes au vestiaire leur permet de profiter pleinement l'un de l'autre.

Les escapades inopinées sont bien entendu les plus romantiques, mais nos responsabilités diverses nous interdisent en général de nous éclipser à l'improviste. De plus, connaître la date de sa prochaine escapade à deux permet à une femme d'en rêver par avance, ce qui l'aide à rester en contact avec sa sensualité.

Écrire une lettre coquine

Raviver la sexualité de son couple peut aussi passer par l'écriture d'une lettre coquine à son partenaire. Si vous constatez que vous fantasmez sur lui ou sur elle quand il ou elle n'est pas là, mais que vous n'éprouvez plus rien en sa présence, essayez de noter vos émois sexuels lorsqu'ils vous envahissent. Comme je l'ai déjà dit, les tracas quotidiens tuent facilement le désir et celui-ci s'exprime parfois difficilement sous le toit familial.

Quand vous êtes seul(e), mettez-vous à l'écoute de vos ardeurs et imaginez que vous et votre partenaire les assouvissez. Racontez par écrit à votre partenaire ce que vous rêvez de faire avec lui (ou elle). Efforcez-vous de décrire la scène et vos émotions comme si vous les viviez réellement. Voici un exemple de lettre adressée par un homme à sa femme.

Chère...,

Tu me manques terriblement. J'ai très envie de toi et je voudrais te voir et te toucher. J'adore caresser ton corps superbe. Ta peau de soie et tes seins sensuels me rendent fou de désir et d'excitation. J'adore agacer et sucer tes mamelons durcis.

En ce moment j'imagine que je te tiens dans mes bras. Je sens ton corps chaud et moite contre le mien. Tu te serres contre moi et c'est délicieux. Ton enivrant parfum emplit mes narines et je t'aime à chaque instant un peu plus. J'embrasse tes lèvres douces et mon corps tout entier est parcouru de frissons. Nos baisers se font plus ardents et tes lèvres s'entrouvrent sous la pression de ma langue. Pénétrer ainsi ta bouche chaude et humide accroît encore mon excitation.

Je tiens ton visage entre mes mains et je caresse tes merveilleux cheveux. Mes doigts explorent lentement ton corps et je me délecte de tes gémissements. J'adore sentir tes doigts courir sur ma peau. J'aime deviner que mes caresses te procurent autant de plaisir que les tiennes m'en donnent.

À présent, j'ôte ton soutien-gorge pour effleurer tes seins ronds aux mamelons tendus. Je sais que tu me désires autant que je te désire. Je t'aime tant... Tu es tout ce que je veux. Je brûle du désir de m'unir à toi, de me fondre en toi et de m'introduire dans la chaleur de ton corps.

Mon ardeur croît encore quand je pose la main sur ton sexe humide. Lentement et en rythme, mes doigts contournent ta féminité, se rapprochant encore et encore jusqu'à frôler ton clitoris. Tu halètes de plaisir et j'accélère mes mouvements et la pression de mes doigts.

Tes caresses se font plus audacieuses ; tu me mets au supplice. Enfin, ta respiration change et j'entends la douce musique de ton plaisir naissant. Mon pénis dur et tendu va enfin pouvoir pénétrer la grotte sacrée de ta féminité. Quel délice ! Si tu savais quel amour emplit mon cœur et quelle passion embrase mon âme.

Lentement, je me glisse en toi et le temps suspend son vol. Enfin nous ne faisons plus qu'un. Je m'enfonce encore et tu te donnes à moi dans un petit cri. Je ressors, je rentre, je ressors, puis je rentre, encore et encore. Mon pénis est de plus en plus gonflé et dur. Être en toi soulage les fibres les plus délicates de mon âme. Je crois exploser, mais tes gémissements de bonheur m'aident à me retenir encore un instant.

Ensemble, nous nous envolons vers des sommets de passion, de plaisir et d'extase. Mon amour t'englobe tandis que les premiers frissons du plaisir s'emparent de toi. Quand tes gémissements s'exacerbent, je te rejoins. Un éclair aveuglant de plaisir traverse mon corps et je jouis à mon tour.

À présent, nous reposons tous deux serrés l'un contre l'autre, nos corps nus enlacés et repus, et je me sens en paix, réconcilié avec moi-même. Je rends grâce à Dieu pour ta présence à mes côtés, pour ton amour et pour le don merveilleux qu'il représente.

Effleurant tes cheveux, je plonge mon regard dans tes yeux magnifiques et te dis : « C'était merveilleux ! » Tu me souris. J'ai beaucoup de chance.

Je t'aimerai toujours.

Si vous n'êtes pas habile de votre plume

Tout le monde ne s'exprime pas aussi facilement par écrit, surtout lorsqu'il s'agit de sentiments délicats. Cela ne signifie pas que l'on n'éprouve pas lesdits sentiments, mais seulement que l'on sait mal les traduire en mots.

Si tel est votre cas et que vous êtes un homme, c'est fort dommage car les femmes adorent lire de telles phrases – ce qui explique l'immense succès des romans « à l'eau de rose ». Essayez de lui adresser une carte dépeignant de manière poétique ce que vous ressentez. N'ayez pas honte de ne pas savoir exposer vos émois comme ils le mériteraient et sachez que choisir une carte qui vous servira de porte-parole est tout aussi méritoire que rédiger une lettre.

Choisir une carte qui vous servira de porte-parole est tout aussi méritoire que rédiger une lettre.

Le même principe s'applique aux lettres coquines. N'hésitez donc pas à vous inspirer autant que vous le souhaitez de l'exemple donné ci-dessus ou de phrases tirées de vos lectures. Il est bien plus important de capturer vos sensations pour les transcrire sous forme de mots que de faire preuve d'originalité.

Une fois votre missive achevée, annoncez à votre partenaire que vous aimeriez la lire avec lui (ou elle). Réservez-vous une plage de tranquillité pour ce faire (prévoyez au moins quarante-cinq minutes). Vous pouvez laisser votre partenaire la lire en silence ou à haute voix, ou encore la lui lire. Très vite, l'émoi qui vous habitait pendant que vous rédigiez votre lettre vous envahira de nouveau et bientôt la passion embrasera votre couple.

Cette technique nous a souvent aidés, ma femme et moi à raviver la flamme de notre ardeur mutuelle. Je n'ai pris conscience de leur importance pour Bonnie que lorsqu'elle m'a avoué conserver mes lettres et les relire quand elle avait l'impression que je l'aimais moins.

Les lettres coquines présentent une double utilité car outre leur effet stimulant sur la sexualité du couple, elles aident votre partenaire à comprendre ce que vous ressentez pendant l'amour. Sans elles, Bonnie n'aurait jamais aussi bien compris l'intensité de ma passion pendant nos étreintes.

Le sexe au téléphone

Lorsqu'un couple est séparé par la distance à cause d'une déplacement professionnel ou parce que les deux partenaires n'habitent pas la même ville, ceux-ci éprouvent parfois le besoin de se masturber. La solitude d'une chambre d'hôtel ou d'une chambre vide peuvent susciter de puissantes pulsions sexuelles. Pourquoi dans ce cas, au lieu de vous masturber en solo, ne pas appeler votre partenaire et faire l'amour au téléphone ?

Procédez comme pour rédiger une lettre coquine, mais évidemment par oral. Commencez par expliquer à votre partenaire combien vous avez envie de lui ou d'elle et combien vous aimeriez qu'il ou elle soit auprès de vous. Demandez-lui de se caresser en gardant les yeux fermés et en imaginant que c'est vous qui le caressez. De même, vous imaginerez que vos doigts sont en fait ceux de votre partenaire. Tour à tour, chacun de vous parlera, puis écoutera. Décrivez de temps à autre ce que vous éprouvez et ce que vous rêvez que votre partenaire vous fasse, ou ce que vous rêvez de lui faire.

De cette manière, un couple peut arriver à partager un véritable rapport sexuel. Lubrifiez vos doigts avec une noisette de gel lubrifiant (que les laits hydratants corporels fournis dans les hôtels remplacent tout à fait correctement) et masturbez-vous de concert jusqu'à jouir ensemble.

Un tel ersatz ne remplace bien entendu pas une étreinte brûlante, mais il s'en approche honnêtement. Évitez seulement d'utiliser un téléphone mobile, dont la fréquence est parfois captée par certaines radios...

Au milieu de la nuit

Faire l'amour au milieu de la nuit combine sexe « trois étoiles » et « petit coup vite fait ».

C'est pour un homme une sensation enivrante que d'être réveillé en pleine nuit par une femme qui frotte son sexe chaud et humide contre sa jambe et ses seins nus contre son torse. Mieux encore, une femme peut commencer par se caresser pendant vingt à trente minutes, jusqu'à frôler l'orgasme, puis enfourcher son partenaire. Il adorera être ainsi réveillé. Et comme il ne lui faut que quelques minutes pour répondre ardemment aux avances de sa compagne, ils pourront tous deux atteindre le plaisir.

Si en revanche, c'est l'homme qui se réveille au milieu de la nuit d'humeur coquine, les choses sont un peu plus compliquées. En effet, une femme met plus longtemps à rejoindre un homme sur ce terrain que l'inverse.

Mais comme il est particulièrement exaltant pour un homme de se savoir autorisé à parfois réveiller sa partenaire en pleine nuit afin de lui faire l'amour, il est utile de se pencher sur la question. Pour que la chose soit envisageable, il faut tout d'abord qu'un certain nombre de conditions soient réunies. Le couple doit notamment avoir une vie sexuelle régulière et communiquer librement et sereinement. L'homme doit par ailleurs demander à l'avance à sa partenaire si elle accepte qu'il la réveille de temps à autre pour un intermède amoureux. Certaines femmes préfèrent qu'on les laisse dormir, sauf pendant les vacances, si elles sont vraiment bien reposées ou si elles peuvent se lever tard le lendemain.

Et même si sa partenaire lui a donné son consentement, il doit se montrer beaucoup plus doux qu'elle ne le serait avec lui dans le cas de figure inverse. Il peut par exemple commencer par se rapprocher d'elle, puis se serrer contre elle et la caresser doucement tout en se frottant contre elle. À elle de décider alors si elle souhaite accueillir ses assauts ou non. Elle doit toujours se sentir libre de lui dire : « Pas ce soir ».

Dès que son partenaire peut entendre ces mots sans se sentir rejeté, elle acquiert la liberté de les prononcer. Il s'agit là d'une étape primordiale de la communication du couple car une femme qui n'ose pas refuser un rapport sexuel perd aussitôt en contrepartie la faculté de l'accepter réellement. Et rien ne flétrit plus l'attirance sexuelle que faire l'amour quand on n'en a pas envie.

> **Une femme qui n'ose pas dire « non » à son partenaire perd aussitôt en contrepartie la faculté de lui dire réellement « oui ».**

En respectant les besoins sexuels spécifiques de son partenaire, chacun peut apporter à l'autre et recevoir de lui le soutien dont il a besoin. Dans le chapitre suivant, nous étudierons une approche du sexe qui permet aux deux amants d'être toujours satisfaits.

9
Le sexe bipolaire

Pour nous garantir une sexualité épanouie et préserver la passion au sein de notre couple, il est essentiel de comprendre le concept de polarités sexuelles. Tout comme le pôle négatif d'un aimant attire irrésistiblement le pôle positif d'un autre aimant, exprimer nos polarités sexuelles opposées permet d'accroître l'attirance, le désir et le plaisir dans notre couple.

En matière sexuelle, il existe deux pôles : donner du plaisir et en recevoir. Quand l'un des partenaires donne et que l'autre reçoit, le plaisir monte facilement. Le sexe bipolaire se résume à inverser régulièrement les rôles de manière à optimiser le jeu des polarités et le plaisir. L'un des partenaires s'attache à donner du plaisir à l'autre, puis tous deux intervertissent leurs places et celui qui donnait reçoit et vice versa.

Le sexe bipolaire se pratique en deux étapes. Pendant la première étape, l'homme prend et la femme donne. Puis, durant la seconde étape, il se préoccupe des besoins de sa partenaire tandis que celle-ci se détend, se concentre et devient réceptrice.

Pendant la première phase, l'homme reçoit du plaisir. Il n'a guère envie de passer du temps à préparer sa partenaire pour l'amour. Bien sûr, il souhaite qu'elle apprécie ses attentions, mais il se préoccupe avant tout de lui. Elle, de son côté, ne s'attend pas à être immédiatement excitée, ni à suivre le rythme de son amant.

Dans la seconde phase, c'est au tour de la femme de recevoir, pendant que son partenaire s'attache à lui prodiguer ses attentions. Ayant suffisamment donné, elle peut désormais se laisser aimer sans retenue. De cette manière, chacun d'eux obtient ce qu'il désire.

Promouvoir le sexe bipolaire

Le concept du sexe bipolaire m'est venu parce que je sais qu'un homme n'a pas *toujours* envie de consacrer longtemps aux préliminaires indispensables pour que sa partenaire atteigne l'orgasme. Non qu'il ne se préoccupe pas de son plaisir, mais son corps rêve de se laisser aller à ses désirs et d'en venir rapidement au rapport sexuel proprement dit puis à l'orgasme. Ce décalage temporel pose souvent problème.

L'homme sait que poursuivre son bonhomme de chemin sans se soucier de préliminaires engendrera le ressentiment de sa partenaire, mais, d'un autre côté, attendre qu'elle soit prête à le rejoindre le frustre. Il arrive qu'à la fin d'une dure journée, un homme soit fatigué et manque de patience. Dans ce cas, la perspective de longs préliminaires peut agir sur lui comme une douche froide. Il sait en outre que s'il s'autorise à jouir le premier, il ne disposera plus après de l'énergie suffisante pour s'occuper de sa compagne et lui donner ce dont elle a besoin.

La femme, elle, préfère se passer de sexe que voir son partenaire s'évertuer à la faire décoller le plus vite possible et deviner la frustration que cet exercice lui procure. Pour apprécier une étreinte, une femme a besoin de sentir qu'elle n'est pas tenue de réagir immédiatement. Elle ne sait pas toujours combien de temps il lui faudra pour atteindre l'orgasme, ni même si elle y parviendra cette fois-ci.

> **Pour apprécier une étreinte, une femme a besoin de sentir qu'elle n'est pas tenue de réagir immédiatement. Le sexe bipolaire apporte une solution à ce problème.**

Le couple risque rapidement de se retrouver dans une impasse, l'homme rechignant aux étreintes pour échapper aux préliminaires. Le sexe bipolaire apporte une solution à ce problème et présente en outre une foule d'autres avantages. Loin de ronger son frein en attendant que le plaisir gagne sa partenaire, l'homme commence par laisser libre cours à son ardeur et à son excitation. Puis, lorsqu'il est sur le point d'atteindre l'orgasme, il s'arrête et s'occupe de sa partenaire, accordant tout le temps nécessaire aux préliminaires. Ce n'est qu'après l'avoir conduite au septième ciel qu'il pourra enfin se laisser aller à son propre plaisir.

Pratiquer le sexe bipolaire

Le sexe bipolaire démarre souvent avec un homme excité et prêt à faire l'amour et une femme qui apprécie simplement le désir manifesté par son partenaire. Il peut alors la tenir dans ses bras, l'embrasser, la caresser, se frotter contre elle, la déshabiller, bref, faire tout ce qu'il souhaite pour exacerber son propre émoi. Elle, de son côté peut se borner à se laisser adorer et jouir d'être si violemment désirée, ou le caresser de manière à porter son excitation à son comble.

Elle sait qu'il n'attend pas d'elle une ardeur égale à la sienne, mais seulement qu'elle le soutienne dans celle qu'il éprouve. Elle peut aussi, si elle le souhaite, attiser encore celle-ci en caressant ou massant son pénis, ou encore en lui prodiguant des caresses buccales. Tout ceci a pour but d'exacerber le désir de son partenaire. Il est très clair que celui-ci reçoit ou prend du plaisir et qu'elle est purement donneuse.

Au bout de cinq minutes environ, quand l'émoi de l'homme est presque à son comble et qu'il se sent au bord de l'orgasme, il lui fera comprendre qu'elle peut interrompre ses caresses, soit en émettant un gémissement plus vif, soit en prenant une profonde inspiration, puis en la repoussant doucement pour inverser les rôles. Il peut aussi se contenter d'écarter délicatement les mains de sa partenaire, ou changer de côté dans le lit.

Tous ces signaux sont destinés à signaler à sa compagne qu'il est à présent disposé à lui donner à son tour autant de bonheur qu'elle lui en a procuré. Elle peut alors se détendre et se concentrer sur les sensations qu'il fait naître en elle. Il ne doit pas oublier que si lui n'a besoin que de deux ou trois minutes de stimulation, il devra en accorder vingt à trente à sa partenaire.

L'homme doit toujours se rappeler que bien lui n'ait besoin que de deux ou trois minutes de stimulation pour frôler l'orgasme, il faut à une femme vingt à trente minutes pour atteindre le même résultat.

Inverser les polarités

Au début, il paraîtra sans doute difficile à l'homme de s'interrompre en si bon chemin pour passer à la seconde étape du sexe bipolaire. Il sera peut-être trop excité pour s'arrêter. Cela arrive en particulier lorsque la femme prend son partenaire dans sa bouche ou qu'il la pénètre pendant la phase numéro un. Pour mieux se contrôler et passer sans anicroche à la phase numéro deux, l'homme peut songer au besoin que sa compagne a de le sentir excité quand elle-même atteint l'orgasme.

Pour mieux se contrôler, l'homme peut songer au besoin que sa partenaire a de le sentir excité quand elle-même atteint l'orgasme.

Les hommes et les femmes sont biologiquement programmés pour réagir de façon différente après l'orgasme. Les femmes demeurent excitées car leur taux d'hormones sexuelles[1] reste très élevé et elles apprécient encore plus d'être pénétrées. L'homme, lui, voit son excitation et son érection retomber très rapidement. Quand il a fini, il a bien fini. Et les hormones gouvernant son plaisir se dissipent et s'évacuent elles aussi sans délai.

S'il jouit le premier, il ne lui reste plus d'énergie pour sa partenaire lorsque celle-ci est prête à atteindre l'orgasme. Si en revanche c'est la femme qui jouit la première, elle reste suffisamment excitée pour attendre qu'il la suive dans cette voie et prend un plaisir accru à l'orgasme de son partenaire.

1. Endorphines, catécholamine et neurotransmetteurs.

En matière d'orgasmes, honneur aux dames

Bien des couples s'évertuent à minuter leurs orgasmes pour qu'ils surviennent simultanément. Ce n'est pas la solution la plus satisfaisante. Il est extrêmement déconcentrant pour une femme de se demander quand elle va atteindre l'orgasme. Elle profitera beaucoup mieux d'une étreinte si elle peut s'abandonner à ses sensations sans tenter de les contrôler. Une fois qu'elle aura atteint l'orgasme, son partenaire pourra jouir à son tour immédiatement ou attendre un peu pour le faire.

Quand l'homme et la femme jouissent ensemble, chacun d'eux est si absorbé par l'intensité de son propre plaisir qu'il en oublie en quelque sorte son partenaire, ce qui brise leur intimité.

Atteindre simultanément l'orgasme n'est pas la solution qui comble le plus intensément un couple.

Pour l'homme, sa partenaire qui, une minute auparavant, était l'objet de toutes ses attentions, se trouve soudain délaissée. Et il est trop obnubilé par son propre orgasme pour profiter pleinement de celui de sa compagne, alors qu'il se délectait jusqu'alors de sentir le plaisir de cette dernière grandir.

En s'arrangeant pour que sa partenaire atteigne l'orgasme la première, il l'aide à s'abandonner encore plus au plaisir et peut en ressentir la plénitude. Et lorsqu'il succombera à son tour à sa jouissance, elle en profitera elle aussi plus intensément. C'est un peu comme s'ils avaient deux orgasmes chacun, au lieu d'un seul. Tous deux commencent par vivre pleinement celui de la femme, puis celui de l'homme.

Rappelons que si l'homme jouit le premier, sa partenaire devra pour se mettre à l'écoute de son plaisir, détourner momentanément son attention de ses propres sensations. Il lui faudra ensuite retrouver le fil de son émoi, ce qui n'est pas toujours facile, et même si elle atteint à son tour le septième ciel, son partenaire ne le sentira pas car il ne sera plus suffisamment excité.

Le sexe bipolaire assure aux femmes la possibilité d'un orgasme à chaque étreinte. Et lorsqu'elles s'aperçoivent qu'elles n'y parviendront pas cette fois, le fait que leur partenaire leur ait accordé son attention sans rien exiger en retour suffira à les combler.

Si un couple respecte les principes du sexe bipolaire, la femme a la possibilité d'avoir un orgasme à chaque étreinte.

Les avantages annexes du sexe bipolaire

Avantage supplémentaire du sexe bipolaire : une fois que son partenaire a pris son plaisir pendant la phase numéro un, une femme estime mériter pleinement les attentions qu'il lui prodigue quand vient la phase numéro deux. Certaines éprouvent des difficultés à atteindre l'orgasme sans cette certitude de leur « bon droit ».

Souvent, celles qui donnent beaucoup à leur entourage savent mal recevoir les attentions d'autrui. Au lit, elles se préoccupent tant des besoins de leur partenaire et de son plaisir qu'elles ne s'autorisent pas à écouter leurs propres sensations. Il s'agit souvent d'une réaction inconsciente.

Lors d'un de mes séminaires, une des participantes s'est redressée en s'exclamant : « C'est exactement ça !

Comment l'avez-vous deviné ? » Nous avons tous compris qu'elle avait vécu une expérience de ce type. Je lui ai demandé de nous la relater. Voici son récit.

> « Je viens de comprendre le mécanisme de l'unique orgasme de mon existence. J'ai quarante-deux ans, je n'ai joui avec un partenaire qu'une seule fois et je viens à l'instant de réaliser pourquoi.
> « Voici environ six ans, mon partenaire a voulu faire l'amour après une dispute. J'ai d'abord refusé car j'étais encore pleine de rancœur à son égard. Je lui reprochais de se donner beaucoup moins à notre relation que je ne le faisais. Comme il insistait, j'ai fini par accepter, mais je me suis promis de demeurer passive et de me contenter de recevoir ses caresses. Il s'est montré très attentionné, mais pour la première fois depuis notre rencontre, je n'ai rien fait pour lui. Et j'ai eu un orgasme. Aujourd'hui, je comprends pourquoi : comme je ne me préoccupais pas de son plaisir, j'ai pu me concentrer sur le mien. Et je me rappelle, que malgré ma passivité, il était lui aussi très satisfait de notre étreinte. »

Cet exemple montre que c'est quand une femme sait accueillir des caresses qu'elle ne rend pas qu'elle apprécie le mieux une relation sexuelle. Le sexe bipolaire l'aide à oser accepter cette symétrie puisque, dans la phase numéro un, elle donne suffisamment de sa personne pour pouvoir ensuite changer de rôle sans éprouver de culpabilité.

Quand un homme contrôle ses passions

Une femme qui sent que son partenaire contrôle son plaisir et sera capable de se retenir de jouir avant elle tire un bonheur accru de plus de leur étreinte car elle sait ne pas être obligée de se dépêcher pour atteindre l'orgasme avant lui. Cela lui permet de se détendre et de s'abandonner pleinement à ses sensations. Voilà un autre avantage du sexe bipolaire. Au cours de la phase numéro un, l'homme prend son plaisir, mais ne jouit pas ; la phase numéro deux est, elle, entièrement consacrée à sa partenaire et celle-ci le sait.

Plus une femme sent son partenaire capable de contrôler son plaisir et de se retenir de jouir avant elle, plus elle pourra se détendre et s'abandonner pleinement à ses sensations.

Il arrive parfois qu'un homme soit très vivement tenté de jouir avant sa partenaire. Il doit alors impérativement empêcher celle-ci de stimuler son pénis, s'écarter un peu d'elle avant qu'il ne soit trop tard et prendre quelques instants pour se calmer. Une fois qu'il aura repris le contrôle de son ardeur, il passera immédiatement à la phase numéro deux. Se consacrer au plaisir de sa partenaire aide un homme à retrouver son *self-control*.

Une femme apprécie que son partenaire lui donne parfois un orgasme avant de la pénétrer. Dans ce cas de figure, l'homme poursuivra la phase numéro deux jusqu'à conduire sa partenaire à l'orgasme, le rapport sexuel proprement dit n'intervenant qu'après. Il pourra alors s'abandonner à son tour à son plaisir. Sachez à ce propos, messieurs, qu'un homme qui pénètre sa compagne après qu'elle a joui se sent extrêmement bienvenu en elle.

Après l'orgasme de la femme

C'est après avoir elle-même eu un orgasme qu'une femme apprécie le plus d'être pénétrée, à la fois parce que tous ses sens sont en éveil et parce qu'elle peut alors mieux profiter de la jouissance de son partenaire. Ayant pris son plaisir, elle est en mesure de se concentrer sur son amant et de lui faire sentir l'étendue de son amour. Elle expérimente alors une autre sorte de stimulation. Avant l'orgasme, le plaisir monte en elle et après, elle se sent comme une alpiniste qui a vaincu une montagne et danse au sommet avec son partenaire.

De plus, après l'orgasme, le vagin d'une femme se contracte et aspire à être empli par le pénis de son amant. Quel meilleur moment choisir pour y faire son entrée ? Non seulement elle apprécie d'être pénétrée, mais en plus, son partenaire est libre de bouger en elle à sa guise, sans se préoccuper d'elle.

Peu importe à sa compagne qu'il jouisse en une minute ou en dix, puisqu'elle-même est déjà comblée. Les hommes ignorent souvent cela et croient à tort que, pour une femme, « plus c'est long, plus c'est bon ». En réalité, une pénétration durant plus de trente minutes devient en général douloureuse pour la femme et peut en outre provoquer chez elle une infection vaginale. Le souci de « durer » qui inquiète tant d'hommes s'envole complètement avec le sexe bipolaire et assure à la femme la certitude de recevoir toute la stimulation nécessaire à son plaisir avant que son partenaire jouisse.

Peu importe à une femme qu'un homme jouisse rapidement ou non en elle si elle-même est déjà comblée.

Intensifier le plaisir de la femme

Les hommes se préoccupent souvent plus du but recherché que du chemin y menant. Au lit comme ailleurs, ils souhaitent avant tout se montrer efficaces. Et lorsqu'ils ont mené leur partenaire au bord de l'orgasme, leur tendance naturelle les pousse à intensifier les stimulations qu'ils lui prodiguent afin de la faire jouir au plus vite. C'est une erreur car un homme accentue bien mieux le plaisir de sa partenaire en lui faisant approcher l'orgasme, puis en ralentissant ses caresses pour que son excitation retombe un peu, puis en la ramenant frôler le sommet sans l'y conduire tout à fait et ainsi de suite. S'il fait cela deux ou trois fois, il lui procurera une jouissance incomparablement plus puissante et enthousiasmante.

Plus une femme approche de l'orgasme, plus son envie de jouir s'exacerbe. Cette tactique raffinée laisse de surcroît à son corps le temps de se préparer pleinement au plaisir afin de le vivre encore plus intensément.

Lorsque lui et sa partenaire pratiquent le sexe bipolaire, l'homme doit d'abord s'attacher – dans la phase numéro un – à accumuler de l'énergie en vue de son propre orgasme. Quand il passera à la phase numéro deux et se consacrera au plaisir de sa partenaire, cette énergie retombera, mais lorsqu'il s'abandonnera enfin à l'orgasme, ce dernier sera magnifié par l'attente.

Pour indiquer à son partenaire qu'elle est sur le point d'atteindre l'orgasme, une femme peut utiliser une phrase comme « Je t'en prie », qui signifie à la fois « Je t'en prie, arrête-toi, sinon je vais jouir » et « Je t'en prie, continue, c'est si bon ». L'homme pourra alors choisir entre lui donner un orgasme immédiat ou suspendre toute stimulation directe du clitoris pendant trente secondes à quelques minutes, avant de recommencer pour la rapprocher encore de l'orgasme.

Il ne s'agit pas pour lui d'interrompre totalement ses caresses, mais seulement d'abandonner quelques instants le clitoris de sa partenaire. Rien ne lui interdit, en revanche, de promener ses mains et ses lèvres sur le reste de son corps de manière très érotique. Ainsi, sa partenaire verra son excitation retomber un peu pour mieux regrimper par la suite vers des sommets encore plus élevés.

Étendre notre potentiel de plaisir

Chaque fois que nous laissons notre énergie sexuelle décroître avant de grandir de nouveau, nous étendons la capacité de plaisir de notre corps.

J'ai fait une expérience passionnante à cet égard. Un de mes amis, qui dirige une clinique spécialisée dans le traitement de la douleur, m'a un jour expliqué que l'on traitait les douleurs chroniques en plantant une aiguille en un point clé du corps du patient, dans laquelle on faisait circuler un courant électrique. Au cours de la séance, d'une durée d'une heure, l'intensité du courant électrique circulant dans l'aiguille était progressivement accrue. Les médecins avaient remarqué que plus ils augmentaient lentement l'intensité du courant, plus l'organisme de leurs patients supportait une intensité élevée.

Bien que ne souffrant pas de douleurs chroniques, j'ai voulu tester ce traitement. On m'a donc planté une aiguille dans le bras, puis le médecin a lentement tourné le bouton du générateur électrique jusqu'à ce que je ressente une sensation de brûlure. Il a alors réduit un soupçon l'intensité du courant jusqu'à qu'il redevienne indolore.

Dix minutes plus tard, une infirmière est venue tourner de nouveau le bouton afin de doubler l'intensité du courant. J'ai effectivement ressenti une différence, mais aucune douleur. Au bout de dix minutes de traitement, mon corps s'était adapté au courant électrique, son seuil de tolérance s'était élevé, et je pouvais supporter sans difficulté une intensité double de celle que l'on m'avait jusqu'alors appliquée.

Dix minutes plus tard, l'infirmière est revenue et a porté sans que j'en souffre la puissance du courant électrique au triple de son niveau d'origine. Pendant une heure, elle a ainsi continué à accroître régulièrement l'intensité du courant circulant dans l'aiguille fichée dans mon bras. À la fin, je recevais allégrement une tension six fois supérieure à la puissance maximale que je supportais au début de la séance. Rien d'exceptionnel à cela, à en croire mes mentors : je réagissais tout à fait normalement au traitement.

Je suis revenu à la clinique le lendemain pour un second « traitement ». Mais cette fois, j'ai tenté de tourner le bouton du générateur sans attendre les dix minutes réglementaires, pour atteindre directement l'intensité maximale que j'avais supportée la veille. Je me suis brûlé et infligé un choc électrique. J'avais la preuve que le corps s'adapte... pourvu qu'on lui en laisse le temps.

Le même phénomène se vérifie en matière sexuelle :

si nous prenons le temps de laisser l'énergie monter en nous puis de nous interrompre pour nous habituer à elle avant de recommencer à la faire grandir, notre capacité de plaisir s'accroît considérablement. Avec cette méthode, nous jouissons plus pleinement de nos étreintes et éprouvons des orgasmes plus intenses et qui nous comblent mieux.

Laisser l'énergie monter en nous, puis nous interrompre pour mieux recommencer accroît notre capacité de plaisir et nous permet d'apprécier plus pleinement nos étreintes et de vivre des orgasmes plus intenses et plus épanouissants.

Quand on prend le temps de laisser le plaisir monter en soi encore et encore, on vit un orgasme de tout son corps, alors qu'une jouissance obtenue plus rapidement est en général plus concentrée sur la zone génitale et nettement moins spectaculaire.

Bon vieux sexe « maison » et sexe « trois étoiles »

Sauf lorsqu'il s'offre un « petit coup vite fait », un homme doit s'efforcer de faire aller et venir sa partenaire au bord de l'orgasme au moins deux ou trois fois avant de l'y amener : c'est le secret d'une étreinte éblouissante. Comptez environ trente minutes pour qu'elle parvienne à l'orgasme.

Voilà ce que j'appelle du sexe « maison », sain et savoureux comme les plats que votre grand-mère cuisinait. Cette « recette » prend, je l'ai dit, environ une trentaine de minutes : cinq pour la phase numéro un, vingt pour la phase numéro deux et, après que l'homme a joui à son tour, cinq pour demeurer étendus et heureux dans les bras l'un de l'autre.

Il est bon pour un couple de savoir qu'une telle étreinte, en définitive relativement courte, peut pleinement satisfaire les deux partenaires. En effet, si chaque étreinte prend obligatoirement des heures, la passion n'y résistera pas. Difficile de caser des sessions interminables dans nos emplois du temps surchargés. En revanche, le planning le plus serré laisse toujours au moins une demi-heure de libre une ou deux fois par semaine.

À côté de ces étreintes « maison », un couple doit se réserver des plages d'intimité plus longues – d'une durée de deux heures environ – à consacrer au sexe « trois étoiles », déjà évoqué dans cet ouvrage. Au cours de ces sessions, les deux partenaires peuvent chacun à leur tour amener l'autre au bord de l'orgasme avant d'intervertir les rôles. Par exemple, la femme commencera par exciter son amant, puis il l'emportera presque au sommet deux ou trois fois, après quoi, elle s'occupera de nouveau de lui et ainsi de suite jusqu'à ce qu'elle ne parvienne plus à contenir son plaisir.

Pour l'homme, de telles étreintes ne sont pas seulement agréables. Elles l'aident aussi à améliorer le contrôle qu'il exerce sur son énergie sexuelle. Tout en vivant un plaisir plus intense, il découvre l'excitation accrue que procure le fait de ralentir pour mieux recommencer.

Une fois que l'on a frôlé l'orgasme plusieurs fois, on est moins pressé de jouir et plus enclin à savourer chaque instant, chaque saveur, chaque senteur, chaque souffle, chaque son et chaque sensation. Et cela permet de ressentir plus pleinement le flux d'amour qui circule entre vous et votre partenaire.

Les étreintes « trois étoiles » accordent une place plus importante à la phase numéro un que les rapports normaux ne le font. L'homme frisera l'orgasme à plusieurs reprises avant que le couple n'aborde la phase numéro deux, à l'issue de laquelle sa partenaire l'approchera à son tour deux ou trois fois. Ils pourront alors repasser à la phase numéro un. Et, à mesure que leurs corps se chargeront d'électricité sexuelle, tous deux deviendront capables de donner et de recevoir simultanément.

Attention, même si dans ce cas vous n'êtes plus obligés de suivre à la lettre les règles de la sexualité bipolaire, veillez cependant à ce que la femme atteigne bien l'orgasme la première.

Une nouvelle dimension aux « petits coups vite fait »

Le sexe « vite fait bien fait » prend en moyenne trois à cinq minutes. Il se limite à la phase numéro un du sexe bipolaire et est exclusivement destiné au plaisir de l'homme. La plupart des femmes acceptent en général de se prêter occasionnellement à des rapports de ce type lorsqu'elles se sentent bien dans leur relation de couple et savent qu'elles bénéficieront le reste du temps de satisfaisantes étreintes « maison » régulièrement pimentées d'intermèdes « trois étoiles ».

> **Les femmes acceptent en général de se prêter occasionnellement à des « petits coups vite fait » lorsqu'elles se sentent bien dans leur relation de couple et savent qu'elles bénéficieront le reste du temps de satisfaisantes étreintes « maison » régulièrement pimentées d'intermèdes « trois étoiles ».**

La pratique régulière du « petit coup vite fait » ne tente que l'homme, mais sa partenaire doit savoir qu'elle présente également des avantages pour elle. En effet, bien que cela ne lui procure pas le plaisir physique que lui apportent des étreintes plus longues, elle pourra pour diverses raisons se sentir comblée sur le plan émotionnel.

Depuis que j'enseigne aux couples l'art d'intégrer le « petit coup vite fait » à leur vie sexuelle et le pourquoi d'un tel conseil, j'ai reçu les remerciements de beaucoup d'hommes, mais aussi de femmes. Voici quelques exemples des propos que celles-ci m'ont tenus.

« Maintenant, quand nous faisons l'amour et que je m'aperçois que je ne suis pas vraiment d'humeur à cela, je n'ai plus besoin de simuler. Il me suffit de dire : "Contentons-nous d'un petit coup vite fait". Mon mari ne fait plus la tête et je n'ai plus besoin de lui expliquer que tout va bien et que c'est juste moi qui, etc. »

« C'est merveilleux car parfois j'ai juste envie d'un câlin et d'intimité, mais je veux aussi satisfaire mon mari. Avec cette méthode, j'ai mon câlin, mais je n'ai pas besoin d'essayer de me mettre dans l'ambiance. »

« Enfin, mon partenaire comprend qu'il m'arrive d'avoir juste envie d'un rapport sexuel sans pour autant tenir à atteindre l'orgasme. »

« Le concept du "petit coup vite fait" est génial. Je n'ai plus besoin de me demander si je suis suffisamment excitée pour faire l'amour. Parfois, ce qui avait commencé comme un "petit coup" se termine par une véritable étreinte car je me sens soudain d'humeur amoureuse. Je demande alors à mon mari de me caresser et il se montre tout disposé à changer son fusil d'épaule et à me conduire à l'orgasme. Mais je n'aurais jamais deviné mon envie de faire l'amour si je n'avais pas d'abord accepté un "petit coup". »

« Avant, quand je disais à mon partenaire que je ne voulais pas d'orgasme, mais que je ferais volontiers quelques galipettes s'il était d'humeur à cela, il s'énervait, persuadé que quelque chose clochait. Depuis qu'il a écouté vos cassettes sur la sexualité du couple, tout a changé. Vous entendre en parler lui a permis d'enfin m'écouter. Et à présent que je ne me sens plus tenue d'avoir du plaisir à chaque étreinte, j'apprécie plus nos rapports sexuels et, paradoxalement, j'ai plus souvent envie d'avoir un orgasme. »

« Parfois, je n'ai pas envie que cela dure longtemps. J'aspire à en finir rapidement. Grâce à vos conseils, je n'ai plus besoin de simuler l'orgasme car je peux désormais lui suggérer un "petit coup vite fait" et ne pas y consacrer plus de quelques minutes. »

« Quand nous sortons, il arrive que nous soyons entourés de femmes plus jeunes. Dans ces cas, même si je n'ai pas envie de faire l'amour, j'apprécie de sentir que j'excite toujours mon partenaire et cela m'incite à lui adresser des signaux sexuels sans équivoque. Mais quand nous rentrons, je lui fais comprendre qu'il n'a pas besoin de beaucoup s'occuper de moi. Ces soirs-là, mon plus grand plaisir est de savoir que mon homme me désire. »

Ces commentaires apportent une nouvelle dimension au « petit coup vite fait ».

Combien d'orgasmes faut-il viser ?

De nombreux livres consacrent aujourd'hui des paragraphes entiers à l'art et à la manière de multiplier ses orgasmes. Bien que je ne mette pas en doute l'utilité de tels ouvrages pour certains couples, ils inquiètent souvent les femmes, qui redoutent de ne pas se montrer à la hauteur de ces nouvelles normes. Avec la vie trépidante que nous menons, se disent-elles, il est déjà bien de parvenir à avoir un orgasme. Et voilà qu'on leur demande d'en avoir plusieurs !

Beaucoup de femmes se satisfont parfaitement d'un seul orgasme. Et parfois le mieux est l'ennemi du bien. Quand une femme est comblée par un orgasme, son partenaire est comblé lui aussi. Il se dit en substance : « C'est moi qui ai fait cela. Je l'ai pleinement comblée. »

D'autres femmes continuent sur leur lancée et ont orgasme après orgasme. Pour un homme, c'est à la fois exaltant et angoissant car il finit par se demander s'il sera capable de lui donner autant d'orgasmes qu'elle le souhaite et donc de la satisfaire. Le sexe risque en outre de finir par dévorer leur temps et par perdre de sa magie.

Certaines participantes à mes séminaires m'ont raconté qu'elles étaient multi-orgasmiques et qu'une dizaine d'orgasmes ne suffisaient pas à les satisfaire. Lorsque leur partenaire s'abandonne enfin à son propre plaisir, ces femmes n'ont toujours pas assouvi leur désir, ce qui est aussi contrariant pour lui que pour elles. Il aimerait penser qu'il a procuré à sa compagne l'ultime orgasme ou qu'il a au moins su étancher sa soif de jouissance.

Aux femmes prédisposées aux orgasmes multiples, je conseille en général de s'entraîner à avoir un gros orgasme de préférence à une succession de petits. Pour ce faire, elle peut prévenir son partenaire lorsqu'elle approche du septième ciel pour qu'il la laisse se calmer un peu avant de la conduire plus loin encore sur le chemin du plaisir et ainsi de suite à plusieurs reprises. Avec cette technique, elle s'apercevra probablement que la jouissance qu'elle atteint enfin est assez intense pour la satisfaire et la combler réellement.

Lorsque l'on explique, comme je viens de le faire, comment apporter une dimension nouvelle à sa vie sexuelle, on semble souvent donner « la » recette idéale. C'est aussi un travers très masculin que de mettre au point une formule magique et de s'y tenir. Or, la répétition à l'infini d'un procédé immuable peut convenir à un homme, mais pas à une femme. Nous étudierons donc dans le chapitre suivant la différence entre le sexe mécanique et le sexe spontané.

10
Sexe mécanique et sexe spontané

Laissez-moi vous livrer un autre petit secret pour perfectionner votre vie sexuelle : il n'est de bon sexe sans variété. Les femmes aiment que chaque étreinte diffère un peu de la précédente, ce que les hommes comprennent souvent mal parce qu'ils sont trop obnubilés par le but à atteindre pour se soucier de tels détails. L'homme aspire à mettre au point une formule qui lui assurera d'arriver là où il le souhaite et, une fois qu'elle fonctionnera, à la réutiliser systématiquement sans jamais en changer une ligne. Sa devise est : « Si ce n'est pas cassé, inutile de le réparer. »

Beaucoup d'hommes jugent angoissant de devoir à chaque étreinte tenter une nouvelle approche. Ils préféreraient qu'on leur fournisse une recette au succès garanti leur permettant de se détendre et d'être certains de savoir ce qu'ils font. Cela les rassurerait. Malheureusement pour eux, ce qui excite le plus une femme, c'est de ne pas savoir ce que son partenaire va faire après. Un amant prévisible attiédit à coup sûr son ardeur.

Ce qui excite le plus une femme, c'est de ne pas savoir ce que son partenaire va faire après. Un amant prévisible attiédit à coup sûr son ardeur.

Si excellente que soit une tactique amoureuse, elle perd de son attrait dès qu'elle est utilisée plusieurs fois d'affilée et ne tarde pas à se muer en une ennuyeuse routine. Sauf quand elle est au sommet de l'excitation, une femme a besoin de caresses inventives et, si son partenaire répète sans cesse exactement le même mouvement, elle s'en lasse. Changer de rythme et inventer de nouveaux gestes peut apparaître aux yeux d'un homme comme un luxe, mais c'est très important pour sa partenaire.

Changer de rythme et inventer de nouveaux gestes peut apparaître aux yeux d'un homme comme un luxe, mais c'est très important pour sa partenaire.

Varier les plaisirs passe aussi par varier les positions. Parfois l'homme s'allongera sur sa partenaire, parfois il se placera au-dessous d'elle et il n'hésitera pas à changer de place avec elle en cours d'étreinte. Ces mouvements aident une femme à cesser de penser pour s'abandonner totalement à ses sensations. Ne vous inquiétez pas : loin de se demander pourquoi vous la déplacez ainsi, elle attendra avec impatience la prochaine surprise que vous lui réservez. L'élément d'inattendu est très important pour une femme.

Le sexe et le football

Pour expliquer aux hommes ce qui excite une femme au lit dans des termes qui leur parlent vraiment, laissez-moi user de réferences sportives. Le plus exaltant, quand on regarde un match, est de se demander ce qui va se passer. Qui va s'emparer du ballon ? À qui va-t-il le passer ? Tel joueur va-t-il réussir à marquer un but ? Qui va gagner ?

Devant un match, l'homme sent la tension monter en lui puis retomber avec chacune des actions. Chaque fois qu'un joueur fait une passe, il bout d'excitation et il évacue la tension qui l'habite en poussant des hurlements de joie ou de rage suivant que son équipe marque un but ou perd le ballon.

Le match le plus enthousiasmant perd vite de son intérêt lorsqu'on le regarde pour la seconde fois. Et après quelques visionnages, il devient ennuyeux et dénué de tout suspense. Le même processus intervient lorsqu'un homme emploie toujours la même « recette » pour faire l'amour à sa partenaire : elle sait à chaque instant ce qu'il va faire après et s'ennuie dans ses bras.

Les hommes doivent aussi se méfier de leur penchant naturel à optimiser une formule éprouvée. Ainsi, par exemple, un homme pourra vouloir gagner du temps en bâclant les préliminaires pour passer directement au rapport sexuel lui-même. Voilà qui est aussi décevant que se précipiter sur le journal télévisé pour savoir qui a gagné un match au lieu de prendre le temps de le regarder dans son intégralité. Voir en accéléré les moments phares d'un match dans un magazine sportif est certes intéressant, mais n'apporte rien du plaisir que l'on aurait éprouvé à vivre chacune des actions qui le composent.

Assister à un match entier rend son issue beaucoup plus émouvante. Pour les femmes, c'est la même chose au lit : les préliminaires rendent le sexe et l'orgasme beaucoup plus fascinants. Une femme ne tire pas seulement son plaisir de sa jouissance finale mais de l'étreinte dans son ensemble.

La première action du match

Pour pousser la comparaison entre le sexe et le football un peu plus loin, entrons dans les détails. Quand l'homme commence à effleurer les seins de sa partenaire, cela correspond à la première belle action d'un match : les choses se précisent. Puis, à mesure qu'il approche du mamelon, la tension monte en elle, comme au sein de la foule qui voit les passes se succéder et le ballon approcher du but adverse. Au moment où elle se demande s'il va marquer, il rebrousse chemin pour mieux enflammer ses sens : ballon hors-jeu et fin de la première action. La foule soupire de dépit et la femme aussi. Mais bientôt une nouvelle action débute et l'excitation redouble...

Cette fois, il la caressera différemment de la précédente, avec deux doigts seulement, par exemple. Cette petite variation va accroître l'excitation qu'elle éprouve. Marquera-t-il, cette fois-ci ?

Plus tard, quand il l'y aura bien préparée, il pourra caresser un des seins de sa partenaire tout en léchant ou suçant la pointe de l'autre. Puis, sans crier gare, son autre main s'aventurera vers le vagin de sa compagne. C'est aussi exaltant pour elle qu'un match serré dont le score final est totalement imprévisible.

Quand enfin l'amant réussit un coup franc et pénètre sa partenaire, la foule et elle crient de joie.

La magie des préliminaires

À la lumière de ce parallèle entre le sexe et le football, les préliminaires prennent une dimension nouvelle. Je pense qu'il aidera les hommes à comprendre réellement l'importance qu'ils revêtent pour leurs partenaires. C'est un peu comme si Dieu avait donné aux femmes un corps fait de courbes pour rappeler aux hommes de tourner autour de ses points sensibles au lieu de foncer droit au but !

Dieu a donné à la femme un corps fait de courbes pour rappeler aux hommes de tourner autour de ses points sensibles au lieu de foncer droit au but !

La femme est dotée de trois zones érogènes principales, les deux seins et le vagin, ce qui signifie que l'homme a aussi plus d'un « but » à atteindre. Les points sensibles de la femme sont trois, tout comme les « outils » dévolus à l'homme pour stimuler ceux-ci : ses deux mains et sa langue.

Quand il caresse sa partenaire d'une main, l'amant peut n'utiliser que quelques doigts. Il peut aussi alterner parcours droits et parcours sinueux. Parfois sa main se posera fermement sur sa compagne et parfois, il ne fera que l'effleurer et quand il décrit des cercles sur sa peau, il ira alternativement dans un sens puis dans l'autre. Et ainsi de suite à l'infini. Toute variation sera dûment appréciée.

Toutes les variations qu'un homme apporte à ses caresses nourrissent le besoin d'imprévu de sa partenaire.

En prenant le temps de l'exciter par des caresses expertes, l'amant accroît le plaisir de sa partenaire. N'oubliez jamais qu'en général, une femme a besoin de dix fois plus de préliminaires que vous. À mesure que vous avancerez en âge, vous aurez peut-être besoin d'un peu plus de temps, tandis qu'il est possible qu'il en faille moins à votre partenaire. Une règle de base : ce n'est pas tant ce que vous faites que le temps que vous prenez pour le faire qui comble une femme.

Ce n'est pas tant ce que vous faites que le temps que vous prenez pour le faire qui comble votre partenaire.

Si au bout de vingt minutes de préliminaires, une femme n'approche pas de l'orgasme, on peut a priori en déduire qu'elle ne va pas en avoir. Toutefois, il pourra arriver qu'elle y parvienne si son partenaire insiste encore un peu. À elle de lui fournir quelques indications claires, pour lui signaler ce qu'il doit faire.

Pour aider un homme à deviner ce qu'il doit faire, sa partenaire doit lui fournir des indications claires.

S'il la stimule depuis longtemps, qu'elle se sait encore bien loin de jouir, mais tient réellement à atteindre l'orgasme et souhaite donc que son partenaire poursuive ses efforts, elle pourra par exemple lui dire :

« J'aime vraiment ce que tu me fais. »
« Je sais que je suis lente, aujourd'hui, mais c'est vraiment agréable. »
« Je ne veux pas que tu jouisses encore. J'adore ce que tu me fais. »

Si, alors qu'il la caresse, elle éprouve juste le besoin de jouir en silence du contact de ses mains et de sa bouche, son partenaire risque de s'inquiéter et de penser qu'il ne lui fait aucun effet. Pour le rassurer, elle pourra recourir à un commentaire de ce type :

« Je sais que je suis très silencieuse, mais j'aime vraiment ce que tu fais. »
« J'adore ce que tu me fais. Cela m'aide à me détendre et à m'ouvrir. »
« Oh, c'est exactement ce dont j'avais besoin. »

Ces propos rassurants aident un homme à poursuivre ses caresses sans crainte de mal faire. Il a besoin de cette certitude.

Un homme a besoin d'être rassuré en quelques mots, sinon il redoute de mal s'y prendre.

Comment un homme peut gagner en spontanéité

Comme nous l'avons vu, il est parfois malaisé pour un homme de se détendre au lit s'il ne peut se reposer sur une formule magique garantissant l'extase de sa partenaire. Pour pallier ce problème, je conseille de collectionner les « recettes » et de les employer à tour de rôle. Sa tactique préférée fonctionnera d'autant mieux qu'il en utilisera aussi d'autres.

De cette manière, les deux partenaires sont satisfaits : l'homme recourt toujours à une tactique éprouvée, ce qui lui permet de se détendre, tout en comblant efficacement le besoin de variété de sa compagne. Comme il pique dans un vaste stock de gestes et de techniques, celle-ci ne sait jamais ce qu'il va faire après, tandis que lui a une rassurante impression de compétence. En procédant ainsi, il en viendra insensiblement à créer ses propres méthodes et trucs. Et peu à peu, ses étreintes se feront moins mécaniques, plus spontanées et plus créatives.

Comment l'humeur sexuelle d'une femme évolue

Lorsque son amant se montre moins robotique et donc plus imprévisible au lit, une femme devient en mesure d'explorer et d'exprimer son humeur et ses sentiments du jour. Elle peut plus facilement se montrer spontanée et laisser libre cours à ses réactions. Et puisqu'elle se sent libre de changer d'un jour à l'autre et même d'une minute à l'autre, comme la météo, elle exprime ainsi sa sexualité. Ces variations sont très importantes pour préserver la magie du sexe.

Les saisons du sexe

Tout comme les saisons, les étreintes changent au fil des mois afin de demeurer intéressantes. Ces fluctuations se produisent naturellement dès que la femme sent que son partenaire la soutient dans son exploration de ce nouveau mode d'expression sexuelle.

Ce n'est que pendant l'acte charnel qu'une femme découvre ce qui lui plaît ce jour-là. Elle ne veut donc surtout pas que son amant se lance dans un plan d'action rigide et préétabli. À ses yeux, le sexe doit toujours demeurer spontané afin de refléter ce que les deux partenaires ressentent au moment précis où ils font l'amour. Cela exige de l'homme un talent supplémentaire, qui s'apparente à un talent de chercheur.

Comme je l'expliquais voici quelques paragraphes, les hommes préfèrent se reposer sur des « recettes » éprouvées qui leur garantissent la satisfaction de leur partenaire. Celle-ci souhaite également qu'il sache ce qu'il fait, mais de manière différente. Une femme souhaite que son partenaire comprenne que son humeur varie entre chaque étreinte et elle aspire à le voir apprendre à découvrir avec elle ce qu'elle ressent. Elle désire un amant sensible à ses réactions et qui en tienne compte pour la mener jusqu'à des cimes toujours plus hautes.

Pour acquérir ce talent, un homme doit avant tout connaître les principes de base d'une sexualité épanouissante et être prêt à faire des expériences en alternant les techniques amoureuses. Tel un artiste, il doit maîtriser à fond les couleurs primaires du sexe, puis s'exercer à les combiner savamment pour créer une œuvre d'art. Tel un musicien, il doit dominer les notes et les accords afin d'écrire un morceau unique.

> **Tel un artiste, il doit maîtriser à fond les couleurs de base du sexe, puis s'exercer à les combiner savamment pour créer une œuvre d'art.**

Se laisser guider par son amant

En prenant la direction des opérations en amour, un homme permet à sa partenaire de penser moins et de sentir plus. Cela ne signifie pas qu'elle doive demeurer passivement étendue auprès de lui, mais qu'elle peut se détendre, cesser de songer à ce qui « devrait » se passer et s'abandonner à ses sensations et au rythme de sa sensualité et de sa sexualité. Comme sur une piste de danse, elle ondule avec lui sur le tempo de son humeur du jour.

Parfois, elle se sentira serpent s'enroulant autour du corps de son partenaire, se mêlant à lui et l'embrasant au contact de sa chair nue. À d'autres moments, elle se verra plutôt vierge innocente goûtant pour la première fois à ses caresses. Il arrivera aussi qu'après des débuts plutôt réservés, elle se laisse envahir par un désir brûlant. Elle pourra également tour à tour se montrer autoritaire, enjoignant à son partenaire de s'allonger pendant qu'elle s'attache à le rendre fou de désir, ou au contraire, se blottir contre lui en silence et se relaxer sous ses caresses habiles. La femme extériorise ainsi les différentes facettes de sa personnalité sexuelle. Il ne s'agit là ni de jeux, ni de scénarios, mais bien de l'expression de sa disposition du moment.

Une femme ne réfléchit pas à la manière dont elle va se comporter et ne la détermine pas non plus à l'avance, car il s'agit pour elle d'exprimer la facette de sa personnalité sexuelle qui prédomine en cet instant.

Quand une femme a la possibilité de se montrer spontanée, ses fantaisies pourront naturellement surgir et s'extérioriser. Si son partenaire prend le temps de la stimuler sans attendre d'elle des réactions déterminées, elle se sentira au fil des mois de plus en plus libre de faire et d'exprimer ce qu'elle ressent pendant l'amour. Cette liberté d'expression sexuelle lui permettra de vivre plus pleinement ses sensations et d'atteindre de nouveaux sommets de plaisir.

Discuter de sexe

Les hommes comme les femmes ont besoin que leur partenaire leur fasse clairement comprendre ce qui le comble le plus. Je recommande aux couples de se réserver une demi-heure de temps à autre – de préférence à un moment où les choses vont plutôt bien sur le plan physique – pour discuter de sexe. Prévoyez aussi des remises à niveau périodiques, au bout de quelques années.

Voici quelques questions utiles pour donner à la discussion un tour instructif :

« Qu'est-ce que tu aimes dans le fait de faire l'amour avec moi ? »
« Quel effet cela te fait-il quand je fais telle chose ? »
« Tu aimerais que nous fassions plus souvent l'amour ? »
« Combien de fois par semaine (à peu près) souhaiterais-tu que nous fassions l'amour ? »
« Tu aimerais que nous consacrions parfois plus longtemps aux préliminaires ? »
« Aimerais-tu que nous consacrions parfois moins longtemps aux préliminaires ? »

« Y a-t-il une chose précise que tu aimerais que je te fasse pendant l'amour au cours du mois prochain ? »

« Y a-t-il une nouvelle caresse que tu voudrais me voir tenter ? Et si oui, voudrais-tu me la montrer ? »

« Tu voudrais essayer quelque chose de nouveau ? Et si oui, quoi ? »

« Est-ce qu'il y a une chose que nous n'avons jamais expérimentée en matière de sexe et que tu voudrais essayer ? »

« Y a-t-il des choses que tu souhaiterais que je fasse plus souvent ? »

Vous pouvez avoir une conversation de ce type quelle que soit la qualité de votre relation sexuelle avec votre partenaire. Si toutefois vous ne faites plus beaucoup l'amour ou que vous êtes insatisfait(e) sur le plan intime, veillez à écarter soigneusement sentiments négatifs, doléances et critiques. Le sexe est un sujet extrêmement sensible.

Il est toujours délicat d'évoquer ses besoins au lit car on redoute à la fois de décevoir son partenaire et de devoir faire des choses peu tentantes ou guère naturelles à son sens. Quand vous répondez aux questions ci-dessus, prenez donc soin de ne jamais vous montrer exigeant.

Vous ne devez jamais vous sentir obligé de vous plier à des actes qui vous déplaisent. De même, si votre partenaire semble rebuté par vos suggestions, sachez l'accepter et vous abstenir de tout jugement de valeur. Veillez toutefois à conserver un esprit ouvert. Si votre partenaire propose des choses qui a priori vous déplaisent ou vous semblent ridicules, réfléchissez avant de les écarter. Vous pouvez par exemple répondre : « Pour l'instant, je me vois mal faire cela, mais je te promets d'y repenser. »

Pour faire comprendre à votre partenaire qu'un point revêt pour vous une réelle importance, remettez-le sur le tapis dès que vous discutez de sexe. Attention, il ne s'agit pas d'insister lourdement, mais juste d'aborder de nouveau le sujet. Votre vie sexuelle sera beaucoup plus gratifiante si vous apprenez à en renforcer les aspects positifs sans vous laisser obnubiler par les problèmes ou par ce que vous croyez manquer. Beaucoup de couples m'ont raconté qu'après avoir écouté mes cassettes relatives à la sexualité, ils avaient tout naturellement rompu avec certains de leurs préjugés « prudes » et réellement découvert les plaisirs de la chair avec la personne qu'ils aimaient.

> **Le secret d'une vie sexuelle gratifiante est d'en renforcer les aspects positifs sans se laisser obnubiler par les problèmes ou par ce que l'on croit manquer.**

Le chapitre suivant montrera que c'est la monogamie qui préserve le mieux la vie sexuelle tant sur le plan quantitatif que sur le plan qualitatif.

11

La monogamie passionnée

Certaines personnes jugent bien ennuyeuse la perspective de ne faire l'amour, toute leur vie durant, qu'avec une seule personne. Elles aspirent à plus d'imprévu. Mais en fait, un couple qui apprend à rendre le sexe spontané et inventif ne risquera plus jamais de s'ennuyer. Ainsi, au fil des ans, la personnalité sexuelle de chacun continue à s'enrichir et la passion, à grandir.

Je suis pour ma part intimement persuadé que le succès de mon mariage résulte en grande partie de l'étroite entente sexuelle qui nous unit, ma femme et moi. Beaucoup d'hommes ne comprennent pas la valeur d'une relation monogame, ni combien leur partenaire se sent aimée et choyée dans un tel cadre. Or, une femme qui ne se sent pas aimée ne peut s'ouvrir aux étreintes de son partenaire. Et elle ne peut continuer à éprouver du désir pour un homme en qui elle n'a pas confiance.

Une femme ne peut continuer à éprouver du désir pour un partenaire en qui elle n'a pas confiance.

Un homme désire presque automatiquement toute femme qui l'attire, mais pour que cette attirance perdure, il faut qu'il la sente attirée par lui. Il a besoin de savoir qu'il peut la rendre heureuse.

Pour demeurer attiré par une femme, un homme a besoin de vérifier régulièrement sa capacité de la rendre heureuse.

Pourquoi la passion est facile, au début

Au début d'une relation, quand un homme plonge son regard dans celui de sa partenaire, il y lit clairement qu'il pourrait être celui qui la rendra heureuse. Cette certitude lui donne le courage de prendre le risque de se voir repousser par elle et d'entamer une liaison amoureuse.

Plus tard, lorsqu'il l'a à plusieurs reprises déçue, elle cesse de le regarder ainsi et lui doute de sa capacité d'assurer son bonheur. Soudain ou progressivement, leur attirance mutuelle s'envole. Il se peut qu'il aime toujours sa partenaire, mais il ne la désire plus.

Dès lors, l'homme se met à fantasmer sur d'autres femmes ou simplement à étouffer ses pulsions sexuelles. Il demeure monogame, mais n'éprouve plus aucune passion. Et peu de personnes sont aujourd'hui prêtes à demeurer prisonnières d'une relation vide de sens.

L'utilisation de bonnes techniques relationnelles au lit et ailleurs aide un couple à garder vivante la passion des premiers jours et permet à sa sexualité d'aller s'enrichissant.

Le flux et le reflux de la passion

Il est à la fois sain et naturel qu'au sein d'un couple, la passion déferle et recule comme une vague. De même qu'il est parfois normal de ne pas se sentir amoureux de son partenaire, il est normal qu'il ou elle ne nous inspire certains jours aucune attirance sexuelle.

De même qu'il est parfois normal de ne pas se sentir amoureux de son partenaire, il est normal qu'il ou elle ne nous inspire certains jours aucune attirance sexuelle.

Considérez ces jours « sans » comme des jours nuageux : ce n'est pas parce que le soleil est masqué par les nuages qu'il a disparu du firmament ; il en va de même pour le désir.

Mais attention : c'est en ces jours de grisaille que la tentation vient frapper à notre porte. Quand on n'éprouve momentanément plus d'attirance pour sa partenaire, on regarde plus facilement ailleurs. Mieux vaut ne céder ni à ces coups de cœur ni à ces fantasmes si l'on veut préserver les chances de voir la passion renaître au sein de son couple.

Il m'est arrivé d'avoir envie d'autres femmes. Cela ne signifie pas que j'aime moins Bonnie, mais que ma sexualité n'est pas totalement concentrée sur elle. Il faut des années de monogamie passionnée avant que l'ardeur d'un homme ne se dirige plus jamais que vers sa compagne.

Gérer les tentations

Quand je me sens attiré par une femme qui n'est pas la mienne, je baisse les yeux et me félicite *in petto* que tout fonctionne correctement dans mon pantalon. Puis je me fais sévère : « Couché, fiston ! » C'est ce que l'on appelle se discipliner.

Et au lieu de me fustiger parce qu'une inconnue m'a émoustillé, je conserve cette excitation et je la rapporte à ma femme. Si à mon arrivée à la maison, mon ardeur est retombée, je sais qu'il me faudra user de mes techniques relationnelles pour faire sentir à Bonnie combien je l'aime et combien elle est unique à mes yeux. Et, peu à peu, le désir qu'elle m'inspire renaît toujours.

Maîtriser ainsi mes pulsions sexuelles et les rediriger systématiquement vers ma femme renforce mon attirance pour elle. Et contenir mon ardeur en son absence m'aide aussi à mieux me contrôler pendant l'amour.

Quand un homme peut contrôler sa passion

Quand un homme est à la fois capable de ressentir sa propre passion et de la maîtriser, sa partenaire peut se laisser aller, oublier ses inhibitions et s'abandonner à l'embrasement de ses sens. Il la comble donc plus pleinement. Mais ce n'est pas tout : lui aussi atteint alors de plus hauts sommets de jouissance sexuelle et d'amour.

Quand un homme est à la fois capable de ressentir sa propre passion et de la maîtriser, sa partenaire peut se laisser aller, oublier ses inhibitions et s'abandonner à l'embrasement de ses sens.

Pour un homme, se contrôler signifie que, même quand il est si excité qu'il pourrait atteindre l'orgasme à tout moment, il sait se retenir pour s'attacher à donner plus de plaisir à sa partenaire.

De l'importance de la monogamie pour une vie sexuelle brûlante et sans inhibitions

Cette maîtrise de soi s'exerce principalement au lit, mais elle possède des implications beaucoup plus larges. Quand un homme est conscient de ses pulsions et les redirige toutes vers sa partenaire, cela produit un effet certain sur celle-ci.

Chaque fois qu'un homme tenté par une aventure y renonce par attachement à son couple, il crée une bulle de sécurité qui permet à sa partenaire de mieux apprécier leurs étreintes. Ne pas céder à ses fantasmes ou à ses envies lui apprend à gérer son énergie sexuelle de manière à ralentir le rythme de son plaisir et à le contenir plus longtemps pour elle. Bien sûr, il arrivera que des images et des idées traversent son esprit, mais pourvu qu'il en revienne toujours à sa partenaire, sa passion et son *self-control* continueront à grandir.

Certains hommes n'ont pas de problème pour retarder leur jouissance, mais ne sont guère passionnés ; d'autres sont très excités et ardents, mais se contrôlent mal. Une fois qu'ils ont commencé, ils ne savent pas s'arrêter. Et leur orgasme n'atteint pas l'ampleur qu'il prendrait s'ils se maîtrisaient mieux. Si la pratique du sexe bipolaire peut les aider à tenir plus longtemps, la monogamie passionnée leur apprendra à se contrôler plus efficacement pour donner plus de plaisir à leur partenaire et éprouver eux-mêmes une jouissance plus profonde.

Comment une femme peut aider un homme à se retenir plus longtemps

Tout comme l'attitude de son compagnon influe sur la capacité d'une femme à lâcher prise et oublier toute retenue, sentir sa compagne lui faire confiance et s'ouvrir totalement à ses caresses et à son amour peut aider un homme à conserver le contrôle de ses émotions.

Un homme maîtrise plus facilement son plaisir s'il sent que sa partenaire s'abandonne pleinement et l'accueille de tout son être. Il se retiendra plus longtemps quand il la devine détendue, ouverte et heureuse entre ses bras. En fait, il pourra continuer à donner aussi longtemps qu'elle demeurera pleinement réceptive.

Si en revanche la femme se mêle d'intervertir les rôles et de chercher à embraser à tout prix son amant, elle risque, sans le vouloir, de lui faire perdre son *self-control* ou de le refroidir. S'efforcer d'attiser son ardeur au lieu de se contenter d'accueillir les efforts qu'il accomplit pour l'exciter peut bloquer le flux d'énergie qui circule de lui vers elle et l'inciter à succomber au plaisir avant qu'elle-même soit prête à jouir.

Mieux vaut donc pour elle se borner à répondre aux caresses qu'il lui prodigue. Elle favorisera beaucoup plus une montée progressive et contrôlée du plaisir de son partenaire que si elle s'évertue à le rendre fou de désir. Quand un homme sent que sa compagne réagit à autre chose qu'à ses attentions, cela peut soit le surexciter et le pousser à éjaculer prématurément, soit au contraire lui couper tous ses effets. Dans un cas comme dans l'autre, il ignore souvent ce qui lui arrive et sa partenaire aussi. Rappelez-vous donc, mesdames, qu'à manifester une ardeur trop démesurée, vous risquez de glacer votre partenaire.

Rejouer un scénario éprouvé

Un après-midi, Donald et Connie ont fait l'amour avec une passion fulgurante. Plus tard, Donald a avoué à Connie qu'il avait particulièrement apprécié sa façon d'onduler au-dessus de lui. Cela lui avait donné la délicieuse impression de l'avoir rendue folle de désir, et de n'avoir plus besoin de rien faire d'autre que de s'abandonner à la passion éveillée par lui au creux des reins de sa compagne.

Lorsqu'ils ont refait l'amour, deux jours plus tard, Connie s'est immédiatement placée au-dessus de Donald, répétant ses caresses de la fois précédente, mais cette fois, cela n'a pas du tout excité son époux.

Au début, il n'a pas compris ce qui lui arrivait, puis il a réalisé que ce qui lui avait tant plu la première fois était le caractère spontané des gestes de Connie, qui répondaient aux siens. La seconde fois, elle s'était contentée de les répéter de manière mécanique dans le but avoué de l'exciter et c'est pour cette raison que cela n'avait pas fonctionné. Loin d'être un réflexe naturel suscité par les caresses de Donald, la passion qu'elle manifestait reflétait en réalité uniquement son souci de lui plaire.

Quand nous avons discuté de leur problème, Connie a compris que des réactions sincères excitaient bien plus Donald que les caresses les plus sophistiquées, surtout pendant que lui-même s'attachait à embraser ses sens. Savoir cela lui a permis de laisser sa sexualité s'exprimer plus librement.

Équilibrer les plaisirs

Un homme qui se sent sur le point d'atteindre l'orgasme avant que sa partenaire ne soit prête à en faire autant peut sans peine reprendre le contrôle de ses émotions en réduisant ses propres stimuli et en intensifiant ceux qu'il prodigue à sa partenaire. Pour ce faire, il lui suffit de se concentrer sur le plaisir de cette dernière tout en l'empêchant de s'occuper trop activement de lui. Dès qu'elle commencera à recevoir plus de plaisir que lui, sa maîtrise de lui-même lui reviendra.

Rappelons par exemple que durant un rapport sexuel, un homme peut caresser le clitoris de sa compagne sans pour autant quitter le nid douillet de son vagin. Il peut aussi la faire passer au-dessus de lui et lui faire comprendre qu'elle doit cesser de bouger en immobilisant doucement ses hanches, puis, pendant qu'elle se trouve dans cette position, stimuler son clitoris. À mesure que sa partenaire s'abandonne à son plaisir, l'homme se détend et reprend le contrôle de son ardeur.

Choisir de ralentir

Bien des hommes croient démontrer leur virilité en faisant aller et venir leur pénis en leur partenaire tel un piston, sans jamais s'interrompre. Ils croient qu'elle attend d'eux qu'ils la pénétrent plus profondément à chaque fois. C'est une erreur. En fait, une femme aime sentir qu'elle inspire à son partenaire un tel désir qu'il menace à chaque instant de perdre le contrôle de son émoi. Cela l'excite. Quand son amant éprouve le besoin de faire une pause, elle perçoit donc cela comme un hommage rendu à son *sex-appeal* et apprécie la considération dont il fait preuve en dominant ainsi son élan. Tant qu'il n'a pas compris cela, un homme risque de se sentir « mauvais » et incapable de maîtriser ses pulsions s'il ne parvient pas à continuer à se mouvoir en elle sans jouir, alors qu'au contraire, c'est en attendant que sa partenaire se mette au diapason de son excitation qu'il se montrera bon amant et accroîtra son plaisir.

Si vous êtes excité au point d'avoir la certitude que le moindre contact génital supplémentaire déclencherait votre orgasme, immobilisez-vous en elle pendant quelques minutes, le temps de vous calmer ou interrompez le rapport sans cesser de caresser votre partenaire.

Lorsqu'un homme va et vient tel un piston et commence à perdre son *self-control*, c'est souvent le signe que sa partenaire a pris du retard par rapport à lui. Parfois, pour donner le change, pour lui faire plaisir, ou dans l'espoir de le rattraper, elle se fait alors plus démonstrative... et risque fort de lui faire perdre tout vestige de maîtrise de soi et de le pousser à éjaculer trop rapidement. Après quoi ni elle ni lui ne se sentiront très satisfaits.

L'erreur est humaine et nul ne doit s'attendre à ce que les étreintes soient toujours « parfaites ». C'est pourquoi lorsqu'il advient qu'un homme jouisse avant sa partenaire, il ne doit pas se sentir coupable, mais juste se promettre de veiller à se montrer plus vigilant la prochaine fois, afin de la laisser atteindre l'orgasme avant lui. Il peut par exemple lui dire sur le mode plaisant :

« J'ai une dette envers toi, chérie ! »
« Tu étais totalement irrésistible, ce soir, mais je te promets que la prochaine fois, je prendrai soin de toi. »
« Je t'aime, mon amour. La prochaine fois, je ne m'occuperai que de toi. »

Et c'est tout. Mieux vaut s'abstenir d'épiloguer sur ce « raté » et agir par la suite comme si de rien n'était. Une femme qui voit son partenaire déçu et maussade a tout avantage à feindre de ne pas le remarquer et à le laisser digérer seul sa déconvenue. Si en revanche, elle-même est déçue et éprouve le besoin d'avoir à son tour un orgasme, elle peut se masturber et se faire jouir pendant que son partenaire la tient dans ses bras ou la caresse.

Quand un homme n'a pas d'érection

Il arrive aussi qu'un homme ne parvienne pas à avoir une érection. Beaucoup de couples commettent alors l'erreur de concentrer leur attention sur l'homme, pour résoudre son « problème », alors qu'il leur faudrait réagir comme lorsque ce dernier redoute de perdre le contrôle de ses sens, c'est-à-dire inciter monsieur à se concentrer sur le plaisir de madame. À mesure que celui-ci s'accroîtra et qu'elle s'abandonnera, lui retrouvera sa maîtrise de lui-même. Si en revanche sa partenaire s'escrime sur son pénis, celui-ci deviendra de moins en moins enclin à se raidir.

Quand un homme n'a pas d'érection ou a du mal à garder son *self-control*, il doit simplement se concentrer plus étroitement sur le plaisir de sa partenaire.

Bien qu'il s'avère parfois utile de consulter un spécialiste, mieux vaut avant d'en arriver là dédramatiser les problèmes d'érection et mettre l'accent sur les moyens par lesquels un homme peut malgré tout témoigner son amour à sa partenaire.

Sur le plan sexuel, tous deux peuvent s'attacher pour un temps au plaisir exclusif de la femme. Un couple peut partager un bonheur très intense même quand l'homme n'a pas d'érection. Et au fur et à mesure qu'il s'ingéniera à procurer des sensations aussi exaltantes que possible à sa partenaire, sa capacité d'érection renaîtra.

Même s'il est primordial, on l'a vu, de ne pas faire l'amour de manière mécanique, une bonne compréhension des mécanismes de base de l'acte sexuel est indispensable. C'est pourquoi nous consacrerons le chapitre suivant à l'étude de l'anatomie sexuelle masculine et féminine et aux différentes méthodes de stimulation mutuelle efficace.

12

Anatomie sexuelle et rapports sexuels buccaux

Nous avons déjà évoqué à maintes reprises le rôle crucial du clitoris dans le plaisir féminin. Celui-ci étant minuscule et facilement oublié, j'aimerais revenir un instant sur le vocabulaire basique de l'anatomie féminine et rappeler que le terme « vulve » désigne l'ensemble des organes génitaux externes de la femme, c'est-à-dire les grandes lèvres, les petites lèvres, le clitoris et l'orifice vaginal.

Les grandes lèvres ressemblent à celles qui ourlent notre bouche. Elles se situent autour des petites lèvres, replis de chair plus petits et plus proches du vagin. Les petites et grandes lèvres sont parcourues de milliers de terminaisons nerveuses ; c'est pourquoi les caresser délicatement procure des sensations enivrantes et une excitation intense.

À une extrémité des lèvres se trouve le vagin, le canal dans lequel l'homme introduit son pénis pour pénétrer sa partenaire. Le clitoris se situe à l'extrémité opposée des lèvres. Comme il est minuscule et que l'homme n'en possède pas, nombreux sont ceux qui ignorent combien il est délicieux pour une femme d'être caressée à cet endroit. En somme, un bon amant doit toujours se rappeler d'aller se promener vers le nord avant de foncer vers le sud.

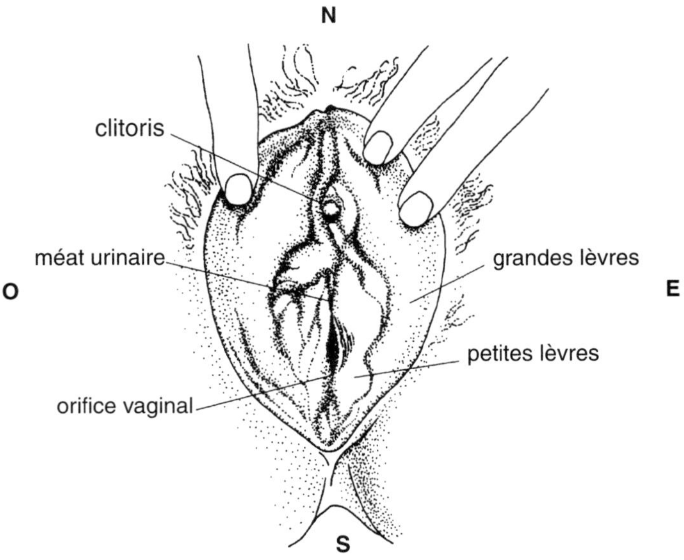

Un homme doit toujours se rappeler d'aller vers le nord avant de foncer vers le sud.

Caresser le clitoris

Le clitoris est partiellement recouvert par un repli de peau, aussi appelé capuchon. Quand une femme est sexuellement excitée, son clitoris se gonfle et se gorge de sang. Et, tout comme le pénis de son partenaire, plus il est tendu, plus il aspire à être touché.

Une fois sa partenaire très excitée, l'homme pourra porter son plaisir à son comble en dégageant complètement le clitoris. Il doit cependant procéder avec précaution car caresser le clitoris d'une femme trop énergiquement ou trop vite peut empêcher celle-ci d'atteindre l'orgasme, même si elle en a très envie. Appuyer trop fort sur le clitoris peut également endormir momentanément ses sensations.

En règle générale, un homme doit s'attacher à pratiquer des caresses légères et délicates. Si sa partenaire souhaite des attouchements plus appuyés, elle le lui fera aisément comprendre en pressant son clitoris contre ses doigts ou en plaçant sa main sur celle de son amant pour lui indiquer ce qu'elle désire.

Descendre « vers le sud »

Rappelez-vous également, messieurs, de faire preuve d'inventivité. Par exemple, au lieu de toujours utiliser le même doigt, testez-en un autre, ou employez-en deux, ou trois, ou laissez la paume de votre main glisser lentement mais fermement sur le sexe de votre partenaire, d'arrière en avant.

Calez-vous confortablement sur un oreiller, détendez-vous et consacrez-vous à elle. Cela vous permettra d'expérimenter en toute quiétude les quelques suggestions qui suivent.

Commencez par laisser courir vos doigts sur la face interne des cuisses, jusqu'aux lèvres, puis caressez celles-ci. Vos doigts enduits de sécrétions vaginales glisseront ensuite vers le clitoris de votre compagne. Décrivez des cercles autour de lui en veillant à toujours bien le lubrifier, sinon vos caresses seront douloureuses, puis glissez doucement de bas en haut, puis latéralement, puis de nouveau de bas en haut. Procédez par mouvements réguliers.

Essayez de suivre le rythme de la respiration de votre partenaire. Augmentez la cadence de vos gestes à mesure que son excitation croît, puis modérez-la. Accélérez et ralentissez tour à tour : vous disposez de tout votre temps. Si elle caresse simultanément votre pénis, vous pouvez vous aligner sur le rythme qu'elle adopte.

Après avoir caressé le clitoris de votre partenaire verticalement et latéralement, décrivez des cercles autour de lui. Tournez dans le sens des aiguilles d'une montre, puis dans l'autre, alternez grands cercles et petits cercles, puis adoptez un mouvement de spirale. Dessinez une spirale commençant par des grands cercles contournant la vulve et se rétrécissant pour s'achever en cercles de plus en plus petits autour du clitoris. Une fois que vous aurez ainsi flatté celui-ci, éloignez-vous-en de nouveau, et ainsi de suite.

Lorsque vous découvrez le clitoris, au lieu de le caresser directement, stimulez les terminaisons nerveuses situées juste au-dessus de lui. Des attouchements variés et imprévus à cet endroit procureront à votre compagne une excitation intense.

Tout en variant vos gestes, restez à l'écoute des réactions de votre partenaire afin de déterminer ceux qu'elle apprécie le plus ce jour-là et concentrer vos efforts sur eux. Montrez-vous imaginatif. Déclinez une caresse qui lui plaît avant d'y revenir. Sachez que la caresse la plus enivrante peut lasser à la longue. Toutefois, quand une femme est très excitée, s'en tenir à un geste apprécié peut l'aider à atteindre un plaisir accru.

Quand une femme est très excitée, s'en tenir à un geste qu'elle apprécie peut l'aider à atteindre un plaisir accru.

Vous pouvez aussi tracer du bout des doigts les lettres de l'alphabet sur son clitoris et voir lesquelles d'entre elles procurent le plus de plaisir à votre partenaire.

Si vos doigts se fatiguent, laissez-les se reposer en poursuivant vos caresses à l'aide de votre langue. Votre partenaire adorera cela et éprouvera des sensations totalement différentes. Le contact de votre langue sur son clitoris est extrêmement enivrant, surtout pour une femme déjà très excitée.

Caresser une femme avec la bouche

Je me rappelle très clairement la première fois que j'ai prodigué de telles mignardises à une femme. Alors que je m'apprêtais à faire l'amour pour la première fois après neuf années de chasteté monacale, ma partenaire m'a dit : « Oh, avant de me pénétrer, j'adorerais que tu lèches mon clitoris. C'est si agréable... »

Je suis resté abasourdi, les trois mots « lèche mon clitoris » résonnant dans ma tête. Jusqu'à cet instant, j'ignorais que de telles pratiques puissent exister. Jamais je n'avais envisagé que l'on puisse procurer ainsi du plaisir à une femme.

Je me suis cependant exécuté – avec un peu la même impression que celle que l'on ressent en s'aventurant en apnée pour la première fois dans les mers du Sud. « C'est si agréable... », avait dit ma partenaire : cette petite phrase me donnait du courage. Quelques instants plus tard, je découvrais le bonheur de combler une femme à l'aide de ma langue. Elle a adoré ce que je lui faisais et toutes les femmes que j'ai connues depuis aussi.

Une femme ne tient pas obligatoirement à ce que

son partenaire embrasse son sexe à chaque fois, mais elle apprécie grandement qu'il le fasse de temps à autre. Rappelons aux hommes que tant qu'une femme est en bonne santé et respecte des règles d'hygiène normales, il est parfaitement sain de mettre leur bouche en contact avec ses sécrétions vaginales. En Extrême-Orient, on a même longtemps considéré ces fluides comme un élixir d'immortalité. Si toutefois un homme ne souhaite pas lécher celles-ci, il peut tout de même caresser sa partenaire de la langue, en utilisant sa propre salive en guise de lubrifiant.

Répétez avec votre langue les mêmes gestes que ceux que vous accompliriez avec vos doigts. Votre partenaire y trouvera les avantages supplémentaires d'une meilleure lubrification et d'un contact plus doux. Pour changer, un homme peut aussi prendre délicatement le clitoris de sa compagne dans sa bouche, puis l'effleurer du bout de la langue, ou encore le faire doucement aller et venir dans sa bouche.

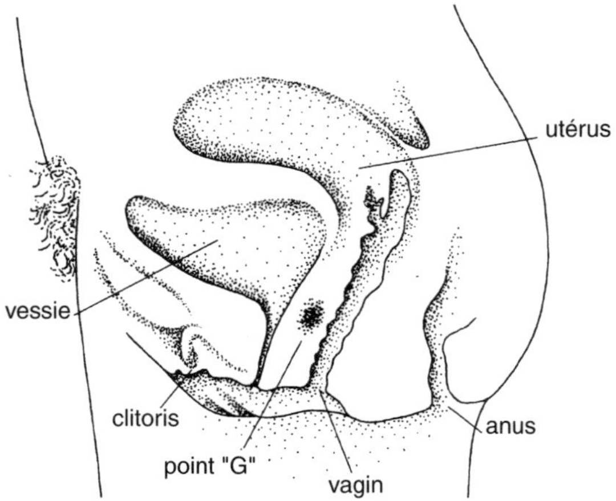

Tout en léchant ou suçant son clitoris, il peut alors glisser un ou deux doigts dans le vagin de sa partenaire et les y faire aller et venir en rythme, de manière à accroître son plaisir. La caresser ainsi le met en mesure de stimuler un point de son vagin que certains sexologues appellent le « point G », qui se situe à environ cinq centimètres de l'orifice vaginal sur la face antérieure du vagin (voir schéma). Cela apporte souvent une nouvelle dimension à l'excitation d'une femme.

Attention : ces explications techniques ne doivent en aucun cas vous inciter à vous transformer en technicien du sexe. La quête acharnée du fameux point G peut faire croire à votre femme qu'elle *doit* réagir de manière favorable. C'est pourquoi, en règle générale, veiller à s'occuper correctement de son clitoris suffit.

Caresser un homme avec la bouche

C'est là l'un des rares moyens par lesquels une femme peut directement manifester son amour à son partenaire. Mais ce magnifique acte de tendresse met bien des femmes mal à l'aise. Quelques explications et règles de base devraient régler la question et aider les femmes à apprécier de prodiguer ce don merveilleux.

Parlons tout d'abord d'un problème qui, d'après mon expérience de thérapeute, est universel. Aux quatre coins du monde, les femmes qui assistent à mes séminaires se plaignent de ce que leur compagnon empoigne leur tête lorsqu'il commence à jouir, et l'attire vers lui. Ce n'est pas agréable du tout pour une femme. Elle qui, jusque-là, faisait un cadeau à son partenaire en lui donnant du plaisir, a désormais l'impression qu'il le prend plus qu'il ne le reçoit.

Un homme qui souhaite voir sa partenaire continuer à lui offrir sa bouche doit donc apprendre à garder ses mains le long du corps et à ne plus chercher à s'enfoncer en elle tel un bélier. N'oublions pas qu'au moment de l'orgasme, nous ne sentons plus notre force, ce qui est assez terrifiant pour une femme.

Nos compagnes déplorent également souvent que leur partenaire attende d'elles qu'elles avalent son sperme quand il jouit dans leur bouche. Si une femme le fait, très bien, mais un homme ne doit pas être déçu qu'elle préfère s'en abstenir. Il s'agit d'un choix personnel qui ne regarde qu'elle et que nul ne doit exiger d'elle.

Rappelons que certains experts considèrent que le fait d'avaler le sperme de son partenaire augmente le risque éventuel de contamination par le virus HIV. C'est pourquoi un homme doit d'autant plus respecter les possibles réticences de sa compagne et les comprendre. En revanche, ingérer le sperme d'un homme en bonne santé et qui n'est pas porteur du virus HIV ne présente aucun danger sur le plan médical.

Les femmes évoquent aussi fréquemment un désagrément d'ordre pratique : les crampes de la mâchoire ! Quand une femme fait aller et venir le pénis d'un homme dans sa bouche en suçant, ses maxillaires ne tardent guère à donner des signes de fatigue. Et tandis qu'il gémit de plaisir, elle gémit aussi... mais de douleur !

L'art de la fellation indolore

Prendre son partenaire dans sa bouche doit toujours être une expérience positive pour tous deux. Pas question donc que la femme souffre pour donner du plaisir à son amant. Elle évitera cela en apprenant à tirer parti d'un réflexe masculin qui fait qu'à peu près au moment où les mâchoires de sa partenaire commencent à demander grâce, l'homme renverse invariablement la tête en arrière, les yeux clos, et manifeste sa béatitude en tournant la tête de gauche à droite. Dès qu'elle le voit faire, sa compagne peut écarter sa bouche de son pénis et la remplacer momentanément par sa main. Il ne s'en apercevra même pas.

Au bout d'un certain temps, remarquant une différence, il rouvrira les yeux pour voir ce qu'elle fait. À ce moment, elle pourra le reprendre dans sa bouche et lui, se replonger dans ses sensations célestes. Peu à peu, il appréciera tout le plaisir qu'elle peut aussi lui procurer avec sa main.

Frictionnez et comprimez

Le pénis réagit favorablement à deux principaux types de stimulations manuelles : par friction et par compression. Dans le premier cas, on le caresse de haut en bas et dans le second, on le tient dans sa main, on le serre, puis on relâche. Il est donc tout aussi excitant pour un homme que sa partenaire laisse glisser sa main le long de son pénis ou qu'elle le serre et le relâche comme si elle actionnait une pompe.

Si les hommes apprécient en général toutes les agaceries qu'une main féminine peut prodiguer à leur pénis, certains gestes les rendent littéralement fous de plaisir.

De haut en bas, plus haut, serrez et relâchez

Pendant qu'elle laisse sa mâchoire se reposer, une femme commencera par des caresses standard de bas en haut et de haut en bas.

Au bout d'un certain temps, elle apportera quelques enjolivements au mouvement, à la position de sa main, à la pression exercée par ses doigts et au rythme qu'elle suit. Après cela, elle pourra laisser glisser sa main jusqu'au sommet du pénis, en caressant l'extrémité, et au lieu de redescendre par le même chemin, passer par-dessus la pointe du pénis pour redescendre par son autre face. Répétez ce geste à plusieurs reprises.

Ensuite, lorsqu'elle sentira le plaisir de son partenaire s'intensifier, la femme pourra se contenter de tenir son pénis dans sa main en le serrant entre ses doigts, puis en relâchant sa pression, en rythme. Après quoi, elle pourra tout recommencer en prenant le pénis de son partenaire dans sa bouche et en faisant glisser celle-ci de haut en bas sur lui, en veillant à le protéger de ses dents à l'aide de ses lèvres.

Parfois elle ralentira son rythme, puis accélérera de nouveau. Tout en caressant son partenaire de la bouche, elle peut simultanément se servir de ses mains pour empoigner le pénis par sa base. Sa main suivra alors le mouvement de sa tête, remontant à sa suite et la précédant au retour.

Lorsqu'elle voudra de nouveau reposer ses mâchoires, elle poursuivra ce mouvement vertical basique d'une main légère et à un rythme rapide. Ce mouvement vif aide l'homme à contrôler son éjaculation car il est beaucoup moins intense qu'une pénétration vaginale.

Pour augmenter l'intensité de sa caresse, il suffit à la femme d'accentuer la pression de ses doigts sur le pénis de son partenaire. Elle veillera également à maintenir celui-ci bien lubrifié grâce à sa salive. Les caresses « à sec » sont tout aussi irritantes pour le pénis que pour le clitoris.

De temps à autre, la femme pourra aussi utiliser un autre geste de base, qui consiste à imprimer à son poignet un mouvement de torsion, à combiner avec une caresse verticale. Sa main monte en tournant et redescend en tournant en sens inverse. Cela procure à son amant des sensations nouvelles et exaltantes.

De même, lorsqu'elle tient dans le creux de sa main l'extrémité du pénis de son partenaire, elle peut le caresser en imaginant qu'elle cherche à ouvrir un pot de confiture. Cette variante du mouvement de torsion apporte encore un type différent de stimulation. De tels jeux sont très excitants pour lui et amusants pour elle.

Diffuser le plaisir

Quand le pénis d'un homme a été stimulé pendant un certain temps, le reste de son corps devient beaucoup plus sensible. Pour augmenter son plaisir, sa partenaire peut alors s'attacher à le diffuser dans les autres parties de son être.

À mesure que l'excitation génitale d'un homme monte, il éprouve un désir croissant d'être caressé partout. Tout en serrant son pénis dans sa main, sa partenaire pourra commencer par lécher ses testicules. Cela peut le rendre fou de désir.

Pour le calmer un peu, elle léchera alors doucement son pénis dressé sur toute sa longueur, ce qui laissera à l'énergie de son conjoint le loisir de retomber un peu, tout en lui procurant un intense plaisir.

Reprenant le sexe de son amant dans sa main, elle laissera sa bouche se promener sur son corps, léchant ici, mordillant là, pour terminer par des baisers passionnés.

Le méat du pénis doit aussi être l'objet de tous ses soins. Elle le caressera légèrement et rapidement, un peu comme s'il s'agissait d'un clitoris, puis elle pourra intensifier ses caresses. Un autre point sensible est le périnée, la zone située entre le pénis et l'anus, qui est très innervée. Le caresser, le lécher ou le comprimer fermement peut faire décoller un homme vers des sommets de plaisir insoupçonnés. Quand son partenaire est très excité, la femme peut intensifier son plaisir tout en l'aidant à mieux se contrôler en appuyant fermement la paume de sa main sur son périnée. Un tel contact peut être extrêmement agréable lorsque l'on approche de l'orgasme.

En faisant varier la pression exercée par ses doigts et en alternant caresses intenses et effleurements plus légers, une femme peut tour à tour stimuler l'énergie sexuelle de son partenaire et la laisser retomber. Le plaisir de son amant ira s'accroissant à mesure qu'elle soufflera ainsi le chaud et le froid.

Comme les hommes, les femmes ont besoin de sentir les réactions de leur partenaire. Quand une femme fait quelque chose qu'il apprécie particulièrement, son partenaire doit le lui indiquer par un compliment ou par des soupirs ou des gémissements.

Caresses buccales simultanées

Les femmes aiment les caresses buccales, mais les hommes les apprécient encore plus qu'elles. La plupart des hommes jugent aussi très excitantes les caresses buccales simultanées et mutuelles. Il est vrai que c'est amusant. Rappelez-vous cependant que surtout pour une femme qui donne beaucoup d'elle-même en général, il est difficile de donner et de recevoir en même temps. Pour qu'elle apprécie vraiment de recevoir du plaisir, elle doit idéalement pouvoir se concentrer sur ses propres sensations sans plus se préoccuper de celles de son partenaire. De ce fait, elle prisera moins la simultanéité qu'il ne le fait. De plus, une femme n'est pas toujours d'humeur à recevoir de telles caresses, qui lui paraissent parfois trop intenses. Ne vous évertuez donc pas à en prodiguer à votre partenaire à chaque fois. Sachez vous réserver pour les jours où elle désire de telles attentions. Rappelez-vous, une fois de plus, le besoin de variété des femmes.

Si les hommes font grand cas de la fellation, leurs compagnes, elles, sont plus sensibles aux attentions tendres. Quand sa partenaire le prend dans sa bouche, un homme se détend et se délecte de l'amour qu'il reçoit. De son côté, c'est en prodiguant des attentions romantiques à sa partenaire qu'il lui donne de lui-même et lui manifeste son amour et le bonheur qu'elle lui apporte. Dans le chapitre suivant, nous examinerons divers rituels propres à préserver le romantisme au sein du couple.

13
Préserver la magie de l'amour

Les hommes rêvent d'étreintes torrides, les femmes veulent de l'amour. Chaque année, le beau sexe dépense des milliards de dollars en romans sentimentaux. Et même les plus dures, les plus ambitieuses et les plus puissantes *businesswomen* accordent une grande importance au romantisme. Bref, l'amour fait rêver toutes les femmes.

Pour satisfaire le besoin d'amour de sa compagne, un homme doit avant tout comprendre en quoi celui-ci consiste. Un petit mot tendre, un bouquet de fleurs ou un petit cadeau, une soirée au clair de lune, une surprise ou un dîner au restaurant : voilà des gestes romantiques aux yeux d'une femme.

Ce n'est pas que les hommes répugnent à créer une atmosphère tendre, mais plutôt qu'ils n'en saisissent pas toujours l'intérêt. Au début d'une relation amoureuse, ils se montrent volontiers romantiques pour prouver à leur partenaire combien elle compte à leurs yeux, mais une fois ce cap franchi, ils comprendront mal pourquoi ils doivent continuer à le faire. S'ils avaient vu leur père agir ainsi avec leur mère, cela leur semblerait sans doute plus naturel...

•

La magie d'un bouquet de fleurs

Je me rappelle avoir un jour suggéré à ma femme de rapporter un bouquet de fleurs du marché. Je savais que – comme beaucoup de femmes – elle aimait les fleurs, mais je ne voyais pas pourquoi je devrais toujours me charger de leur achat. À mon sens, Bonnie pouvait tout aussi bien les choisir elle-même en passant devant l'échoppe du fleuriste. Mon manque de romantisme consterna mon épouse.

Il m'a fallu longtemps pour deviner la valeur d'un bouquet de fleurs à ses yeux. Cela m'a par la même occasion éclairé sur l'utilité de toutes les attentions chevaleresques qu'un homme peut prodiguer à la compagne de ses jours.

Ce n'est pas tant la fleur qui compte que le geste. Lorsque son amant pense de lui-même à lui offrir des fleurs, une femme se sent choyée. Le romantisme du geste s'envole un peu si elle doit lui demander de le faire. Par ce simple bouquet, l'homme manifeste son amour à sa partenaire et lui affirme qu'il comprend ses besoins. Les actes symboliques de ce type revêtent une immense importance aux yeux d'une femme.

En offrant des fleurs à sa partenaire, un homme lui manifeste son amour et sa compréhension de ses besoins.

Pourquoi une femme préfère-t-elle une composition florale qui se fanera en quelques jours à une belle plante en pot ? Parce qu'ainsi, dans quelques jours, son partenaire pourra de nouveau lui exprimer son amour en lui offrant des fleurs fraîches ! Une plante en pot n'est pas romantique du tout. Au contraire, c'est une chose de plus dont votre femme devra s'occuper...

Comment une femme peut aider son partenaire à devenir romantique

Quand j'omets de lui acheter des fleurs, Bonnie me le rappelle de manière subtile. Ainsi, par exemple, au lieu d'en acheter elle-même ou de me demander de passer chez le fleuriste, elle met en évidence un vase vide. Je le remarque, ne dis mot et rapporte de bon cœur un bouquet à ma femme. Avec ce système, je me sens plein de charme, séduisant, et Bonnie mesure mieux la profondeur de mon amour.

Si malgré la présence des vases vides, je persiste dans mon oubli, il lui arrive de m'en parler carrément. Bien sûr, mon bouquet lui paraîtra moins romantique, mais elle l'appréciera néanmoins.

De mon côté, je me sens plus proche d'elle parce que j'ai tout de même accompli le geste qu'elle espérait de moi.

Et quand je vois combien mon attention l'a touchée, je ne délaisse plus de sitôt l'étal de mon fleuriste.

Pourquoi les attentions romantiques produisent tant d'effet

Organiser une soirée, s'occuper de réserver des places de théâtre ou de concert et règler les petits détails d'intendance s'y rapportant est agir en homme romantique. En prenant ainsi tout en charge, vous permettez à la femme qui vous accompagne de se détendre et de se sentir dorlotée. Elle perçoit cela comme de mini-vacances qui l'aident à renouer avec son côté féminin.

Une femme perçoit une soirée romantique comme de mini-vacances qui l'aident à renouer avec son côté féminin.

Les intermèdes tendres sont particulièrement importants pour les femmes qui éprouvent des difficultés à exprimer leurs sentiments.

En effet, pendant une soirée romantique, une femme se sent appréciée, adorée, comprise et soutenue à demi-mot, si bien qu'elle en retire une bénéfice identique à celui d'une conversation, sans même devoir se donner la peine de parler.

En agissant de manière chevaleresque, un homme rappelle sans cesse à sa partenaire combien elle compte pour lui et en anticipant ses besoins, il lui exprime sa compréhension et son respect.

De telles attentions lui apportent un soutien comparable à celui que lui fournit une conversation intime car, dans les deux cas, elle se sent entendue.

De l'importance du romantisme

Le romantisme joue un rôle particulièrement primordial de nos jours car il aide les femmes modernes, qui exercent tout au long de la journée une activité typiquement masculine faisant plutôt appel au volet mâle de leur personnalité, à renouer avec leur côté féminin. Pour y parvenir, l'assistance de leur partenaire leur est indispensable.

Un contexte tendre replace une femme dans une

position féminine traditionnelle, puisqu'elle est choyée et admirée. Quand un homme se concentre passionnément sur ses besoins, elle devient capable de rompre avec sa tendance naturelle à prendre soin d'autrui.

Cela dit, le romantisme ne peut se développer au sein d'un couple que si une bonne communication règne entre les deux partenaires.

Romantisme et communication

En effet, pour que le romantisme subsiste, il faut que la femme se sente entendue et comprise au quotidien. Au début d'une relation amoureuse, alors que la femme ne connaît pas encore son partenaire, il lui est facile d'imaginer qu'il répond à toutes ses attentes. Ce sentiment positif nourrit sa tendresse et sa passion. Mais le charme se rompt avec les premières déceptions.

Si l'homme n'a pas appris à écouter et à comprendre sa compagne ou si celle-ci rechigne à exprimer ses émotions, elle se sentira rapidement incomprise et se détachera de son partenaire. Bien souvent, elle ne saura même pas pourquoi elle s'est éloignée de lui. Dans ce cas, les attentions les plus romantiques de son compagnon la laisseront de glace, car le bouquet le plus somptueux ne peut remplacer une bonne compréhension au quotidien.

N'oublions pas que discuter est pour les femmes un besoin fondamental. J'ai longuement évoqué cette question dans mes livres relatifs au couple et à la communication entre partenaires. Créer des rituels d'amour qui signifient « Je t'aime et tu comptes plus que tout au monde pour moi » peut cependant grandement aider à communiquer sans mot dire. En d'autres termes, le romantisme facilite les rapports de couple.

Créer des rituels romantiques

Avec Bonnie, nous avons plusieurs rituels qui choient sa féminité tout en renforçant ma masculinité. Par ces gestes tendres, je lui montre combien je l'aime et elle me fait sentir qu'elle m'apprécie. En voici un exemple.

Les rituels amoureux permettent à l'homme de montrer à sa partenaire combien il l'aime et à celle-ci de lui faire sentir combien elle l'apprécie.

Étant écrivain, je travaille chez moi. Dès que j'entends Bonnie rentrer à la maison, j'abandonne mon ordinateur pour aller l'accueillir et la serrer contre moi. Ce petit rituel de bienvenue lui rappelle mon amour tout comme le ferait un bouquet de fleurs. Quand je vois son visage s'illuminer, je me sens à mon tour aimé et apprécié.

Si j'oublie de sortir de mon bureau, elle vient me chercher – pas obligatoirement sur-le-champ – pour réclamer un câlin et me montrer ensuite combien elle l'apprécie.

Pour bien des femmes, solliciter un câlin est paradoxal car si une telle manifestation de tendresse s'interprète pour elles comme un soutien, avoir à le quémander signifie que l'on n'est pas si soutenue que cela. Bien sûr, il est bien plus romantique que l'homme prenne l'initiative, mais s'il oublie de le faire, mieux vaut réclamer un baiser que se taire et se laisser gagner par le ressentiment.

Il est plus romantique que l'homme prenne l'initiative d'un câlin, mais s'il oublie de le faire, mieux vaut en réclamer un que se taire et se laisser gagner par le ressentiment.

Solliciter un geste d'amour : un grand pas

Je me souviens fort bien de la première fois que Bonnie m'a demandé de la serrer contre moi. Sa requête a marqué une étape décisive pour notre couple car à compter de ce jour, au lieu de m'en vouloir en secret de mon manque de tendresse, elle a pris l'habitude de me demander ce qu'elle souhaitait.

Pour moi, ce fut un merveilleux cadeau. Ma femme comprit alors que la meilleure façon de m'aimer était de m'aider à l'aimer au mieux. Il s'agit d'une technique de bonne communication essentielle.

Ce jour-là, je me rappelle que je me tenais devant mon placard. Bonnie a poussé un soupir d'épuisement : « Oh, quelle journée ! » Dans son langage, elle sollicitait un câlin, mais moi je n'ai entendu qu'une personne épuisée et en ai déduit à tort qu'elle préférait sans doute que je la laisse en paix.

Au lieu de maudire mon aveuglement et mon incompréhension, Bonnie a franchi le pas immense qui consistait à me signaler clairement ce qu'elle désirait, même si, à ses propres yeux, cela coulait de source.

— John, tu veux bien me faire un câlin ? m'a-t-elle demandé.

J'ai aussitôt répondu :

— Bien sûr.

Et je l'ai prise dans mes bras. Une fois blottie contre

ma poitrine, elle a laissé échapper un nouveau soupir avant de me remercier de mon geste.

— Quand tu veux, ai-je répondu.

Bonnie a éclaté de rire.

— Comment ? Tu n'imagines pas combien cela m'a été difficile de te demander cela !

— Pourquoi ça ? me suis-je étonné. En quoi est-ce difficile ? Tu sais bien que je suis toujours disposé à te câliner.

— Je sais, mais c'est tellement humiliant de devoir quémander ainsi. J'ai l'impression de mendier ton amour. J'ai besoin de sentir que tu as aussi envie de me câliner que moi de l'être par toi. Au fond de moi, je rêverais que tu remarques toujours lorsque j'ai soif de tendresse et que tu m'en témoignes automatiquement.

— Ah ! Écoute, je te promets d'essayer de le faire désormais, mais si j'oublie, n'hésite pas à me demander de nouveau un câlin.

Prêtez-lui attention quand elle se montre distante

Ce matin, justement, j'ai remarqué que ma femme se montrait un peu distante. Au lieu d'ignorer son attitude ou de la laisser tranquille, je lui ai immédiatement demandé comment elle se sentait. Il s'agit là d'un autre rituel primordial.

Bonnie m'a répliqué qu'elle se sentait un peu seule, comme toutes les femmes d'écrivain. Et loin de voir derrière cette remarque un désir de se disputer au sujet du temps que je dédiais à mon travail comparé avec celui que je consacrais à notre couple, j'ai su entendre ce qu'elle me disait réellement : qu'elle se sentait un peu esseulée et souhaitait que je la prenne dans mes bras. Ce que j'ai immédiatement fait.

Dîner dehors

Pour rappeler subtilement à votre époux vos rituels romantiques favoris, apprenez, mesdames, à exprimer vos souhaits.

Quand Cindy est fatiguée, son mari, Bob, lui propose de se charger de préparer le dîner ou de l'emmener au restaurant. S'il ne remarque pas son épuisement ou omet de suggérer ces solutions, Cindy n'hésite pas à prendre les devants en lui demandant d'emmener sa famille au restaurant, de passer acheter une pizza ou encore de préparer le dîner.

Détail très important : à la fin d'un repas au restaurant, Cindy veille à toujours remercier Bob de cette agréable sortie. Peu importe qu'il ait réglé l'addition avec *leur* argent. De même, quand il rapporte une pizza ou prépare le dîner, elle sait lui montrer combien elle apprécie cette attention.

Passer la commande au restaurant

Je recommande aux hommes le petit rituel suivant : lorsque vous dînez au restaurant, demandez à votre compagne ce qu'elle souhaite manger, puis chargez-vous de transmettre sa commande au maître d'hôtel. Il n'est bien entendu pas obligatoire de le faire à chaque fois, mais votre prévenance marquera le repas d'un sceau spécial. Un tel geste indique à la femme qui vous accompagne que vous êtes attentif à ses désirs et à ses goûts.

Le fait qu'un homme se charge de passer la commande pour sa compagne n'implique nullement qu'il la juge incapable de le faire seule. Il s'agit seulement d'un rituel chevaleresque qui vise à la décharger d'une partie de ses responsabilités. « Tu en fais tant pour moi et pour les autres, alors laisse-moi faire cela pour toi », lui dit-il en substance.

Pour apporter une touche romantique supplémentaire à un dîner au restaurant, laissez sous-entendre à votre compagne que vous devinez ce qu'elle va commander. Savoir que vous connaissez ses goûts confirmera votre sollicitude à son égard.

En revanche, paradoxalement, lorsqu'une femme suggère à un homme de choisir tel ou tel plat, il aura souvent l'impression qu'elle se comporte avec lui en mère, ce qui n'a rien de romantique ! Bref, ce qui paraît romantique à l'une n'est pas toujours perçu de la même manière par l'autre.

Ce qui emplit un homme de fierté

Le meilleur moyen pour une femme de faire d'un dîner au restaurant un repas empreint de poésie est tout simplement de passer un bon moment, de le montrer et d'apprécier les mets et le cadre. En effet, émotionnellement, un homme tire fierté des moindres détails d'un dîner. Tout se passe comme si, lorsque sa compagne fait l'éloge d'un plat, il pense : « Merci, c'est moi qui l'ai préparé. »

Un dîner dehors est donc pour une femme une merveilleuse occasion de faire sentir à son compagnon combien il compte pour elle.

De même, lorsqu'un couple va voir un film et que la femme apprécie celui-ci, une partie de l'homme en tire fierté. Il songe : « Merci, c'est moi qui en ai écrit le scénario, qui l'ai mis en scène et qui en tiens le rôle principal. » Bien entendu, son cerveau sait parfaitement qu'il n'a pas réalisé ledit film, mais émotionnellement, il réagit ainsi.

Pour préserver la magie du couple, inutile d'exposer en détail à votre compagnon tout ce qui vous a déplu dans le film que vous venez de voir ensemble. Sachez que c'est quand il sent qu'il a su procurer du bonheur à sa partenaire qu'un homme est le plus romantique.

Se concentrer sur les aspects positifs

Lorsqu'un homme devine que la femme qui l'accompagne n'a pas adoré un film, il arrive qu'il cherche à se rassurer en demandant : « As-tu aimé ce film ? » Dans ce cas, il préférera de beaucoup à une réponse sincère quelques commentaires gentils qui lui assureront qu'elle ne juge pas leur soirée ratée.

Pour soutenir son partenaire dans ces moments délicats, une femme doit apprendre à se concentrer sur le bon côté des choses et à toujours chercher à souligner ce qui lui a plu ou ce qu'elle a apprécié. Elle commencera, par exemple, par demeurer silencieuse quelques instants afin de lui faire comprendre qu'elle cherche à formuler un commentaire positif. Plus elle mettra de temps à répondre, plus son compagnon comprendra que le film lui a déplu et plus il appréciera qu'elle s'abstienne de le critiquer. Lorsqu'elle parlera enfin, elle pourra se montrer honnête même si elle s'interdit toute critique, disant par exemple : « J'ai vraiment aimé cette scène finale au soleil couchant. Quelles magnifiques images ! »

Si elle a jugé le film détestable de bout en bout, elle restera évasive avec, par exemple, un : « Je n'ai jamais vu un film comme ça. » Il comprendra très bien le sens caché d'une telle formule et n'insistera pas. Vous pourrez aussi préférer détourner la conversation en insistant : « Je suis ravie d'avoir passé la soirée auprès de toi. » Votre compagnon saura apprécier votre magnanimité. Il devient plus facile pour une femme d'accomplir ces petits efforts dès qu'elle comprend qu'en fait, cet homme lui demande avant tout de l'aider à sauver la face.

Les petits cadeaux et les attentions délicates aident une femme à se sentir aimée et romantique ; chez l'homme, se savoir apprécié produit le même effet. Il est essentiel pour sauvegarder la magie de l'amour de savoir prêter attention aux petits détails de ce type. Rien ne tue plus sûrement le romantisme que considérer que l'amour de l'autre vous est acquis.

Toutes les vérités ne sont pas bonnes à dire

Un jour que j'évoquais, au cours d'un séminaire, l'exemple de la soirée au cinéma, une femme m'a rétorqué qu'elle jugeait malhonnête l'attitude que je préconisais.

— Pourquoi ne devrais-je pas dire à mon mari ce que je pense réellement d'un film ? a-t-elle ajouté.

— Je comprends votre sentiment de frustration, mais

laissez-moi vous poser une question qui vous aidera sans doute à mieux comprendre la situation. Que doit répondre un homme à qui sa femme demande en s'habillant : « Tu trouves que j'ai grossi ? »

Mon interlocutrice a éclaté de rire. Elle avait instantanément compris où je voulais en venir.

Toutes les vérités ne sont pas bonnes à dire, surtout dans les moments de sensibilité accrue. Mais comme on ne comprend pas toujours bien la sensibilité différente de l'autre, on tend souvent à le blesser involontairement. L'homme se demande pourquoi il doit continuer à offrir des fleurs à sa compagne ou à lui tenir la porte et cette dernière voit mal l'utilité de toujours le ménager. À mesure que l'on acquiert une meilleure connaissance du sexe opposé, ces petits rituels se muent en jeux et surtout – et c'est là le point le plus important – on les perçoit comme des actes d'amour, de tendresse et de considération.

> **À mesure que l'on se comprend mieux, ces petits rituels se muent en jeux et surtout – et c'est là le point le plus important – on les perçoit comme des actes d'amour, de tendresse et de considération.**

Techniques de survie pour les rendez-vous amoureux

Une femme qui n'a pas compris l'importance de tels efforts risque de rebuter sans le vouloir son soupirant. Voici une anecdote à ce propos.

Un soir, Bonnie et moi sortions d'une salle de cinéma, où nous venions de voir un film excellent que nous avions tous deux adoré. La femme qui marchait devant nous était d'un autre avis. Quand son chevalier servant lui a demandé si elle avait apprécié le film, elle a répondu qu'elle l'avait détesté. J'ai vu les épaules du pauvre garçon s'affaisser. Il l'a alors interrogée sur ce qu'elle souhaitait faire après, et elle a rétorqué qu'elle aurait envie de se planter devant l'entrée du cinéma et de prévenir tous les spectateurs potentiels de la nullité du film projeté. Je me rappelle encore l'expression vaincue de son compagnon.

Cette femme ne se rendait même pas compte qu'en disant cela, elle réduisait à néant toute possibilité de romantisme ce soir-là. Ni que son compagnon hésiterait certainement à la réinviter au cinéma...

Dire la vérité

La sincérité est un ingrédient essentiel à la survie de l'amour et de l'intimité, mais il est également primordial de savoir choisir son moment avant de parler. Pour préserver durablement la magie de l'amour, il faut apprendre à s'exprimer au moment adéquat et d'une manière qui n'offense, ne blesse ou ne suscite pas le ressentiment de votre partenaire.

> **La sincérité est un ingrédient essentiel à la survie de l'amour et de l'intimité, mais il est également primordial de savoir choisir son moment avant de parler.**

Partager une ribambelle de rituels romantiques apporte aux hommes comme aux femmes le soutien émotionnel nécessaire pour se montrer plus honnêtes, surtout sur les sujets importants. Un homme qui se sent apprécié éprouvera plus de facilité à écouter les besoins et les sentiments de sa compagne et à y répondre avec tendresse. S'il craint en revanche qu'elle ne l'apprécie pas à sa juste valeur, il percevra toute expression d'un problème comme une critique dirigée contre lui.

Partager une ribambelle de rituels romantiques apporte aux hommes comme aux femmes le soutien émotionnel nécessaire pour se montrer plus sincères, surtout sur les sujets importants.

Écouter les sentiments de sa partenaire est pour les hommes un art acquis. Traditionnellement, on n'attendait pas d'eux qu'ils prêtent une oreille sympathique aux soucis de leur compagne. Leur réflexe premier face à une femme bouleversée était de « faire quelque chose » ou de « trouver une solution » pour qu'elle se sente mieux. Quand une femme avait besoin de sympathie ou de réconfort, elle ne s'adressait pas à son compagnon, mais à d'autres femmes. Et jusqu'à une époque récente, les femmes ne souhaitaient même pas discuter de leurs émotions avec un membre du sexe opposé.

Pourquoi parler nourrit l'amour

Aujourd'hui, les femmes disposent de moins de temps à consacrer à leurs amies et la plupart d'entre elles se sentent à un degré ou à un autre dépassées par les responsabilités pesant sur elles. Ainsi privées du soutien de leurs consœurs et obligées de surcroît de limiter leur conversation, la journée durant, aux sujets relatifs à leur activité professionnelle, nombre de nos contemporaines rentrent chez elles le soir littéralement affamées de compréhension. Ce dilemme moderne peut se transformer en une excellente occasion d'entretenir la magie de l'amour au sein d'un couple.

Comme nous l'avons déjà vu, les hommes ont besoin de se sentir utiles et appréciés. C'est là leur carburant émotionnel de base. Un grave problème se dresse donc entre les sexes quand la femme peut s'assumer et se protéger seule car l'homme se retrouve alors en quelque sorte au chômage. Il a été « viré » de l' « emploi » qu'il occupait depuis des millénaires.

Mais si les femmes n'ont plus besoin des hommes pour survivre ou se protéger des dangers environnants, elles leur découvrent un nouveau rôle : une personne à qui se confier, un partenaire qui se préoccupe réellemment de leur sort et qui les écoute vraiment. La femme d'aujourd'hui éprouve le besoin vital de parler et de se sentir écoutée à la fin de la journée.

De l'importance d'une bonne communication

Il arrive d'ailleurs souvent qu'il lui faille d'abord discuter avec son compagnon pour pouvoir apprécier un geste tendre. Tout comme le sexe aide l'homme à renouer avec ses sentiments, communiquer aide la femme à retrouver le besoin et le goût du romantisme.

Tout comme le sexe aide l'homme à renouer avec ses sentiments, communiquer aide la femme à retrouver le besoin et le goût du romantisme.

Depuis une vingtaine d'années le manque de communication au sein de leur couple est le principal motif de plainte des femmes. L'explication de ce phénomène est simple : plus une femme est débordée, plus elle a besoin de discuter de ses sentiments pour supporter sans craquer ses multiples responsabilités.

Plus une femme est débordée, plus elle a besoin de discuter de ses sentiments pour supporter sans craquer ses multiples responsabilités.

Apprendre à satisfaire cette nouvelle requête féminine permet aux hommes de « se remettre en selle » et de retrouver le rôle de pourvoyeur et de protecteur indispensable à leur équilibre. En écoutant leurs compagnes, ils les aident en effet à ne pas se sentir dépassées par les tâches qui leur incombent et leur fournissent par là même une excellente occasion de les apprécier.

Ouvrir la portière de la voiture

Les rituels et les habitudes romantiques sont un moyen d'exprimer ses sentiments les plus profonds. Ainsi, ouvrir la portière de la voiture pour sa partenaire va bien au-delà de la simple politesse : c'est une façon déguisée de lui dire « Je t'aime ». Et lorsqu'elle apprécie les efforts de son compagnon et le lui fait savoir, il se sent plus proche d'elle et son cœur s'ouvre à elle.

Les rituels et les habitudes romantiques sont le moyen d'exprimer ses sentiments les plus profonds.

Un homme doit toujours prendre la peine d'aller jusqu'à la portière de sa passagère et l'ouvrir pour elle de l'extérieur, même si les serrures de son véhicule se déverrouillent automatiquement au moyen d'un petit boîtier. S'il oublie de le faire, sa partenaire pourra discrètement le rappeler à ses devoirs, la prochaine fois qu'ils sortiront, en glissant tout simplement son bras sous le sien, ce qui le conduira naturellement à l'escorter jusqu'à sa portière. Rappelons à ce propos que même si votre mari pense toujours à vous ouvrir la portière, vous blottir si fémininement contre lui et passer un bras autour de sa taille ou de ses épaules nourrira votre tendresse mutuelle.

Noter les requêtes de l'autre par écrit

Il est également très romantique de coucher une requête par écrit. Lorsqu'une femme sollicite une chose que son partenaire ne peut lui apporter dans l'immédiat, il la rassérénera immensément s'il note sa demande, car il lui semblera qu'il a enregistré celle-ci, si bien qu'elle n'aura pas à la lui rappeler. Elle se sent donc presque autant écoutée et entendue que s'il avait accédé à son vœu. Tout comme les hommes apprécient que les femmes réagissent à leurs avances sexuelles, celles-ci aiment que leur partenaire réponde à leurs petites requêtes.

Tout comme les hommes apprécient que les femmes réagissent à leurs avances sexuelles, celles-ci aiment que leur partenaire réponde à leurs petites requêtes.

Dès qu'il est possible d'accéder immédiatement à la demande de sa compagne, un homme devrait le faire. Cette attitude préserve au mieux la magie de l'amour et comble une femme. Si elle annonce par exemple qu'une ampoule a rendu l'âme dans l'escalier, son partenaire doit veiller à songer que la changer ne lui prendra que deux minutes et se forcer à le faire aussitôt. « Je vais la changer tout de suite », répondra-t-il donc sans se faire prier. Comme beaucoup de mes semblables, j'ai mis longtemps à comprendre combien les petits gestes de cet acabit comptaient aux yeux d'une femme, et lorsque la mienne évoquait une ampoule grillée, je me bornais à noter la chose sur ma liste mentale de choses à faire, en me disant que les autres ampoules de la pièce fonctionnant encore, rien ne pressait. Je ne m'occupais de cette lampe que bien plus tard. Aujourd'hui, je me dis que changer une ampoule prend deux minutes chrono. Quand une femme exprime une petite requête de ce type, l'homme intelligent s'empresse de la satisfaire, ce qui ravit sa compagne.

Ne vous méprenez pas : je ne veux pas dire par là que les hommes doivent se tenir au garde-à-vous, prêts à accomplir toute tâche que leur moitié juge opportune de leur confier. Un homme peut être très occupé ou fatigué et il a aussi besoin de prendre soin de lui-même. Si votre femme vous signale que le garage est un cloaque, ne croyez pas devoir vous précipiter pour le ranger. L'accomplissement d'une telle requête prend des heures. Elle peut donc aller rejoindre la liste des choses à faire « plus tard ».

La femme, elle, préservera la magie de l'amour dans ce domaine en veillant à ne pas considérer comme un dû les efforts que son partenaire accomplit pour lui plaire. Bien sûr, il lui arrivera de ne pas manifester d'appréciation, tout comme parfois son compagnon fera la sourde oreille lorsqu'elle exprimera un vœu, mais dès lors que tous deux s'efforceront de toujours se rappeler ces mécanismes émotionnels de base, leur couple progressera sur la bonne voie.

D'ailleurs, plus un couple s'entraîne à nourrir ainsi son amour, plus cela lui devient facile. Un homme qui sait que ses efforts seront appréciés les juge beaucoup moins ardus et une femme qui sait que ses prières seront écoutées et exaucées applaudit beaucoup plus facilement aux efforts de son compagnon et montre une indulgence plus grande lorsqu'il fait des erreurs ou lui paraît paresseux ou égoïste.

Dès lors que sa femme le remercie des petites choses qu'il accomplit pour elle, un homme continuera à les faire. Elle l'aide ainsi à donner le meilleur de lui-même. Si en revanche elle ne le soutient pas de la sorte, il se laissera probablement de nouveau obnubiler par des préoccupations plus vastes que les menus services qu'elle sollicite, telles que gagner de l'argent et prendre soin de sa famille sur le plan matériel.

De son côté, il la rassure quant à la constance de son amour pour elle par ces petits rituels. La femme la plus amoureuse aura du mal à éprouver des élans romantiques envers un homme qui ne fait jamais rien pour elle.

Établir des rituels amoureux prend du temps, mais chaque fois qu'un homme prend l'habitude de faire quelque chose que sa compagne apprécie et que celle-ci veille à lui exprimer sa satisfaction au lieu de considérer son geste comme un dû, elle lui fournit la motivation nécessaire pour persévérer dans cette voie.

Faire une promenade ensemble

Un des rituels romantiques de Robert et de Cher est de se promener ensemble. Au début de leur relation, Robert était obsédé par son travail et dès que Cher lui proposait une promenade, il invoquait un dossier à terminer ou un projet à étudier.

Puis, un jour, il s'est rendu compte qu'une promenade pouvait ne prendre qu'un quart d'heure et que, puisque Cher adorait marcher, soustraire de temps à autre quinze minutes à son travail pour lui faire plaisir ne pouvait qu'être bénéfique pour leur couple. Il se rappela que, quand elle était de mauvaise humeur, Cher maugréait volontiers : « Nous sommes tellement occupés que nous n'avons jamais une seconde à nous consacrer l'un l'autre. »

À titre d'expérience, il prit l'habitude de faire avec elle de courtes balades. Au début, cela ne lui procurait aucun plaisir. Cher bavardait tout en marchant, mais il ne l'écoutait souvent que d'une oreille, encore obnubilé par le travail interrompu. Au lieu de s'agacer de le voir continuer à réfléchir à ses dossiers, Cher s'est sagement contentée d'apprécier la présence de Robert à son côté, sans rien attendre de plus de lui. Admirer à haute voix les arbres lui convenait tout à fait.

Peu à peu, l'évident bonheur que lui procuraient ces promenades à deux a fini par porter ses fruits : Robert y a pris goût. Aujourd'hui, il lui arrive même de se promener seul ! Cela lui permet de faire une pause.

À son retour, il se sent plus détendu, efficace et l'esprit plus clair.

Une nuit de sortie

Philip et Lori veillent à se réserver au moins une soirée par semaine pour sortir tous les deux en oubliant leurs responsabilités familiales et domestiques. Il leur arrive bien entendu de sortir plusieurs fois par semaine, mais ils ne sont jamais à la maison le mardi soir. Ce soir-là est consacré au cinéma, leur passion commune. Une semaine sur deux, ils ajoutent à leur séance traditionnelle une autre activité plus culturelle comme une exposition ou un concert.

Les petits rituels de ce type sont particulièrement importants pour les femmes car ils leur apportent un sentiment de sécurité en leur assurant le soutien émotionnel indispensable à la gestion du stress de leur vie quotidienne.

Sortir avec les copains

Craig consacre une soirée par semaine à ses copains. Ils vont au cinéma et choisissent en général un film d'action « pour mecs », de ceux qui ne tenteraient guère Sarah, la femme de Craig.

À première vue, un tel rite ne semble guère favorable à leur couple, et pourtant... Passer du temps avec ses copains évite à Craig d'attendre de Sarah qu'elle lui apporte tout le soutien nécessaire à son équilibre. Pendant ces parenthèses masculines, il jouit en outre de la liberté d'être complètement lui-même, si bien que

Sarah en vient à lui manquer et qu'il éprouve le désir de passer de plus en plus de temps auprès d'elle.

Sarah comprend d'autant mieux le besoin de Craig de passer une soirée avec ses copains qu'elle-même apprécie qu'il la laisse ainsi voir ses amies en paix. De son côté, lui admet qu'elle a besoin de ces sessions entre filles et ne se sent plus tenu de remplir tous les besoins de sa femme.

Pourtant, il n'en a pas toujours été ainsi. Au début de leur relation, Sarah supportait très mal les soirées entre hommes de Craig. Le sourire qui remplace aujourd'hui l'expression blessée qu'elle arborait lorsqu'il partait fait vraiment sentir à Craig combien sa femme le soutient. Aujourd'hui, elle va même jusqu'à lui rappeler de rejoindre ses amis s'il oublie de le faire.

Faire du feu

Le rituel de Charley et de Carol tourne autour des feux de cheminée. Autrefois, lorsque Charley trouvait qu'il faisait froid dans le salon, il se contentait d'aller monter le chauffage. Aujourd'hui, il commence par aller trouver sa femme pour lui demander si elle a froid. Cette simple question témoigne à Carol de l'attention que son mari porte à son bien-être.

S'il veut créer une atmosphère romantique, Charley propose alors de faire du feu dans la cheminée du salon. Préparer un feu pour sa femme est un geste riche de symboles qui réveille certains instincts primitifs. Ce n'est pas par hasard si tant d'hôtels de charme ont des cheminées dans leurs chambres.

Quand Charley et Carol ont emménagé dans leur nouvelle maison au cœur de la forêt, la jeune femme fourmillait d'idées de décoration, que son époux partageait dans l'ensemble. Mais tout en soutenant sa femme dans son élan créateur, il songeait à certaines choses qu'il aimerait installer, notamment une cheminée automatique alimentée au gaz. Carol, elle, prisait peu ce genre de gadgets.

Quand il a évoqué son projet, elle a cependant su formuler une réponse positive : « Cela me semble une bonne idée. Je comprends que ce système te tente. » Ravi, Charley pensait que l'affaire était dans le sac quand sa femme poursuivit : « D'un autre côté, je ressens quelque chose de très fort, de très primitif, lorsque je te regarde préparer une flambée pour moi. » Conscient de l'importance des rituels romantiques dans un couple, Charley a abandonné son idée. Il n'a jamais regretté son choix.

Aujourd'hui, il lui suffit de rassembler quelques bûches pour créer une atmosphère propice à l'amour. Il attend que Carol soit à la maison pour apporter du bois dans le salon et préparer son feu. Carol apprécie ses efforts et la tendresse qu'ils reflètent. Il lui arrive de faire du feu elle-même, mais cela n'est pas aussi romantique, loin s'en faut.

Charrier du bois

La femme moderne n'éprouve plus vraiment au quotidien l'impression que son partenaire prend soin d'elle. Bien sûr, il quitte toujours la maison afin de s'échiner au travail pour assurer ses besoins, mais elle en fait à présent autant. Par ses attentions romantiques, il lui rappelle qu'elle n'est pas seule au monde et qu'il est là pour elle. Chaque petite chose qu'il fait pour elle lui exprime son amour et ravive la magie de leur tendresse.

À une certaine époque, Charley avait demandé à Jeff, le jardinier qui vient une fois par mois, de rentrer du bois près de la cheminée et de préparer une flambée. Il a alors remarqué que le voir enflammer les bûchers construits par Jeff ne produisait pas le même effet sur sa femme que lorsqu'il prenait la peine de préparer le feu lui-même. Puisqu'il payait Jeff pour le faire, il lui semblait pourtant que cela revenait au même, mais pour Carol le rituel perdait de sa valeur. Une femme a parfois besoin d'observer concrètement les efforts de son partenaire pour lui plaire.

Il s'agit là d'un aspect très important des rituels romantiques. Les femmes aiment voir leur compagnon travailler ou faire des sacrifices pour elles. Le spectacle d'un mari charriant de lourdes bûches et les empilant soigneusement dans l'âtre éveille un écho au plus profond de sa femme, qui se sent alors aimée et choyée.

Travailler pour autrui, être rémunéré en conséquence et rapporter à la maison le fruit pécuniaire de ses efforts n'est pas du tout la même chose. En effet, lorsqu'il exerce son activité professionnelle, l'homme dirige son énergie vers ceux pour qui et avec qui il travaille et non vers sa partenaire. Or, une femme ne peut être d'humeur romantique que si elle sent que son compagnon consacre toute son énergie à la rendre heureuse.

> **Une femme ne peut être d'humeur romantique que si elle sent que son compagnon consacre toute son énergie à la rendre heureuse.**

Sortir les poubelles

Les femmes apprécient tout particulièrement qu'un homme fasse pour elles quelque chose qui l'ennuie vraiment, comme sortir les poubelles, par exemple. Larry ne le faisait jamais, mais à force de le lui demander sans l'agresser et de lui manifester son appréciation lorsqu'il lui rendait ce service, Rose l'a fait changer d'attitude.

Désormais, dès qu'il sent sa femme un brin distante ou agacée, il regarde discrètement si la poubelle de la cuisine a besoin d'être vidée. Il réagit ainsi car il a constaté à maintes reprises combien sa femme appréciait une telle attention.

Cela la soulage d'une corvée, bien sûr, mais cela va bien au-delà. En vidant la poubelle, Larry fait savoir à Rose qu'il est prêt à abandonner pour un temps son statut de jeune cadre en pleine ascension professionnelle pour faire le nécessaire afin de rendre leur vie quotidienne plus agréable, qu'il ne méprise pas les tâches ménagères, qu'elle n'est pas seule, qu'il est conscient des responsabilités qui pèsent sur elle et tout disposé à les alléger, ou encore qu'il tient à elle. À la maison, il se réjouit d'être l' « homme à tout faire » de sa femme.

L'aider à faire la vaisselle

Au début de notre mariage, j'ai annoncé à Bonnie que je comptais être un père présent pour nos enfants et que je l'aiderais volontiers pour les tâches ménagères, mais que je détestais faire la vaisselle. « Je n'aime pas faire la vaisselle et je ne veux pas que l'on essaie de me faire sentir coupable quand je n'y participe pas, alors si toi non plus, tu n'aimes pas cela, nous embaucherons une femme de ménage pour la faire », ai-je dit. Bonnie m'a répondu que laver la vaisselle ne la dérangeait pas.

Quand elle attendait notre fille Lauren, j'ai vu combien la vaisselle d'après-dîner l'épuisait et j'ai décidé de m'en charger jusqu'à la fin de sa grossesse. Mais j'ai bien précisé qu'il ne s'agissait là que d'un arrangement provisoire. Le plaisir que mon initiative fit à Bonnie me réchauffait le cœur chaque soir. Elle se comportait comme si le menu service que je lui rendais faisait de moi le meilleur des époux. Je me sentais vraiment apprécié.

Quelques mois plus tard, après la naissance de Lauren, j'ai abandonné sans regret la vaisselle et, loin de me le reprocher, Bonnie m'a au contraire encore remercié de m'en être chargé pendant toutes ces semaines.

Seulement, à ma grande stupéfaction, je me suis aperçu que le plaisir que je tirais de la voir apprécier mes efforts me manquait ! Aussi ai-je pris l'habitude de lui proposer de la décharger de cette corvée dès que je la voyais un peu lasse. Chaque fois, sa joie et son soulagement m'emplissaient de bonheur. Aujourd'hui, bien des années plus tard, c'est souvent moi qui fais la vaisselle. C'est ma façon de lui exprimer mon amour au quotidien. Bonnie ne considère jamais cela comme un dû et apprécie toujours autant mes efforts.

Un jour que l'on demandait à mes enfants qui s'occupait le plus souvent de la vaisselle à la maison, ils répondirent d'une seule voix : « C'est papa. » Bonnie s'est récriée, affirmant que c'était elle. J'ai alors expliqué à mes enfants que leur mère avait raison, mais qu'ils avaient de bonnes raisons de croire qu'ils étaient dans le vrai... « Je ne fais la vaisselle que quand on me regarde », ai-je ajouté sur le mode badin.

Comme tout rituel romantique, faire la vaisselle est pour moi un moyen d'aider Bonnie et de lui donner l'occasion de m'apprécier comme j'ai besoin de l'être. Mes deux motivations sont indissociables l'une de l'autre.

Faire la vaisselle peut tenir lieu de préliminaires

Parfois, quand ma femme est vraiment épuisée et monte se coucher sans avoir nettoyé la cuisine, je m'en charge sans rien dire. Cela me prend rarement plus de vingt à trente minutes et à son lever, le lendemain matin, elle est à la fois ravie et soulagée de trouver la pièce propre et nette. En un éclair son amour pour moi augmente incroyablement.

Il arrive alors qu'elle remonte me réveiller de la manière la plus délicieuse qui soit. Tout en caressant doucement ma cuisse, elle murmure à mon oreille : « C'est toi qui as rangé la cuisine ? » J'acquiesce en souriant, elle me sourit aussi et continue à me dispenser un très agréable plaisir matinal.

Cela ne signifie pas que chaque fois que je fais la vaisselle, Bonnie doit faire l'amour avec moi, car il ne s'agirait alors plus de romantisme, mais d'un sordide contrat.

La vaisselle conduit souvent au sexe parce que quand je la fais, Bonnie se sent aimée et tout naturellement, cela la met d'humeur amoureuse. Et pour ma part, savoir combien elle apprécie mon aide transforme cette corvée en une activité très satisfaisante.

Assister à des manifestations culturelles

Pour Grant et Theresa, le plus romantique des rituels consiste à assister ensemble à des manifestations culturelles. Tous deux apprécient le cinéma, mais Theresa aime aussi aller de temps à autre au théâtre ou au concert. Il a fallu des années à Grant pour comprendre l'importance pour sa compagne de ces incursions hors du domaine cinématographique. Jusque-là, il pensait qu'elle partageait forcément son goût pour le cinéma. De fait, Theresa aime aller au cinéma, mais elle apprécie aussi d'autres activités.

Leur rituel d'amour personnel se déroule de la façon suivante : Theresa mentionne des représentations auxquelles elle souhaiterait assister, puis Grant se charge de l'organisation de la soirée. Il suffit qu'elle annonce qu'on joue une nouvelle pièce pour qu'il saisisse la balle au bond et lui propose de prendre des places. « Bonne idée, s'exclamera-t-il. Que dirais-tu d'aller la voir jeudi prochain ? » Quand il gère les choses ainsi, elle se sent aimée et choyée.

Grant se souvient encore du jour où il a pris conscience de l'importance des sorties culturelles dans l'imaginaire romantique de sa femme. À l'époque, il ne lui proposait jamais de se rendre au théâtre, ni à l'opéra. Après lui avoir vainement tendu des perches, Theresa s'est elle-même occupée de prendre des places pour un concert classique.

Sur le chemin du retour, Grant a été stupéfait de l'enthousiasme de sa femme. Il savait qu'elle avait apprécié le concert, mais pas à ce point. Il n'était pas au bout de ses surprises car, l'ayant une fois de plus remercié avec effusion de l'avoir emmenée à ce concert et s'étant à nouveau extasiée sur la virtuosité de l'orchestre, Theresa a marqué une pause avant de reprendre :

— Je suis toute mouillée...

— Mouillée ? a répété Grant, interdit.

— Oui...

Cet aveu a tellement excité Grant qu'à peine la porte de leur garage refermée, ils se sont déshabillés et ont fait l'amour dans leur voiture.

Inutile de préciser que Grant s'est procuré dès le lendemain des abonnements pour la saison lyrique !

Faire des compliments

C'est un rituel romantique classique que de complimenter une femme dès qu'elle s'habille pour sortir, porte une nouvelle robe ou a fait un quelconque effort vestimentaire. Les femmes se vexent facilement si leur partenaire ne remarque pas leur élégance.

Une fois prête, Lucille descendait l'escalier et s'arrêtait toujours à mi-étage pour permettre à Steve de l'admirer. Ignorant la signification de ce rituel féminin, au lieu de la féliciter, Steve la pressait de se dépêcher. La soirée démarrait mal...

Voyant qu'il ne comprenait décidément rien à son manège, Lucille a décidé de l'aider. La fois suivante, elle lui a demandé lors de sa traditionnelle pause au milieu de l'escalier : « Comment suis-je ? » Steve, qui ne saisissait toujours pas l'importance de cette question, a répondu : « Tu es très bien. Dépêche-toi, maintenant. Nous sommes en retard. » Nouvel échec.

Plus tard, quand Steve en a appris plus long sur les différences entre les sexes, il a enfin pris conscience de son erreur. Aujourd'hui, il prend le temps de regarder sa femme et de la complimenter sur sa beauté.

À titre d'exemple, voici une liste de compliments bien tournés :

« Tu es si belle. »
« Tu es particulièrement ravissante, ce soir. »
« Cette robe te va à ravir. Je t'adore dedans. »
« Tu es merveilleuse. »
« Je n'aurai qu'un mot : fabuleuse. »
« Que tu es belle ! »
« Ces boucles d'oreilles sont magnifiques. »
« Cette couleur te va à ravir. »
« Tu vas provoquer des émeutes. »
« J'en ai le souffle coupé. »
« Tu es éblouissante. »
« Mmm, tu es très sexy, ce soir. »
« J'adore tes jambes. »
« Tu es radieuse. »
« Tu es plus belle que jamais, ce soir. »

N'hésitez jamais à user de superlatifs ou d'épithètes flatteuses du type « *très* belle », « *vraiment* belle » ou encore « *si* belle ».

Le pouvoir du toucher

Les femmes apprécient qu'un homme leur prenne la main ou pose une main caressante sur elles. Malheureusement, quoique la plupart des hommes le fassent au début d'une relation, ils ne tardent généralement pas à cesser, ce qui déçoit grandement leur partenaire. Les femmes aiment sentir que leur partenaire est soucieux d'établir un contact physique avec elles. Elles ne se sentent guère aimées si leur partenaire ne les touche que lorsqu'il veut faire l'amour.

Une femme ne se sent pas aimée si son partenaire ne la touche que lorsqu'il veut faire l'amour.

Apprenez, messieurs, que votre partenaire sera beaucoup plus réceptive à vos avances amoureuses si vous établissez souvent avec elle des contacts physiques tendres et dépourvus de connotation sexuelle. Prenez-lui la main, passez un bras autour de sa taille, caressez ses épaules et ses bras sans chercher à aller plus loin. Si vous ne la touchez que pour faire l'amour, elle se sentira vite traitée en objet et en déduira que vous n'estimez plus devoir faire d'efforts envers elle.

Si un homme ne touche sa partenaire que pour faire l'amour, elle se sentira vite traitée en objet et en déduira qu'il n'estime plus devoir faire d'efforts envers elle.

Veillez à demeurer attentif quand vous lui tenez la main. Bien souvent, les hommes laissent leurs pensées vagabonder, si bien que leur main se fait molle et indifférente. Lorsque vous sentez votre attention se relâcher, abandonnez la main de votre compagne. D'ailleurs, une femme ne souhaite pas qu'on lui tienne la main *tout* le temps, mais juste que l'on établisse un contact avec elle pendant quelques minutes.

Quand j'ai pris l'habitude de me montrer plus tendre plus souvent avec Bonnie, cela a apporté une véritable différence dans nos rapports. Je n'en revenais pas qu'une évolution aussi mince puisse produire un tel résultat. Ayant entendu dire que les femmes avaient besoin pour leur bon équilibre émotionnel d'être touchées de manière non sexuelle au moins vingt fois par jour, j'ai résolu de tenter l'expérience. J'ai commencé par me fixer un objectif de dix contacts physiques par jour et cela a fantastiquement marché. Bonnie était manifestement plus radieuse. Alors, j'ai continué.

Au début, je le faisais uniquement pour elle, parce que je voyais le bonheur que lui procurait chacune de mes attentions. Je pensais avoir fait la découverte du siècle en matière amoureuse. Puis, peu à peu, je me suis mis à apprécier moi aussi ce nouveau mode d'expression et l'intimité accrue qu'il suscite. J'ai également appris que se comporter ainsi était d'un grand secours dans les moments de tension car cela aide à se rappeler que l'on s'aime. C'est pourquoi, aujourd'hui, je veille à toujours entourer Bonnie de gestes affectueux.

Amour, romantisme et épanouissement sexuel durables

Pour être simples, les rituels romantiques que nous avons évoqués au fil de ce chapitre n'en sont pas moins puissants. Ils nous aident à retrouver l'attirance et la passion que nous n'éprouvons que lorsque nous sommes proches l'un de l'autre sur le plan émotionnel. Ils préservent toujours la possibilité pour l'homme de faire quelque chose dans le but d'attirer l'amour de sa partenaire et, pour la femme, celle de jouir de l'attention et du soutien qui lui sont nécessaires afin de rester passionnément attirée par son partenaire.

Ces rituels préservent toujours la possibilité pour l'homme de faire quelque chose dans le but d'attirer l'amour de sa partenaire et, pour la femme, celle de jouir de l'attention et du soutien qui lui sont nécessaires afin de rester passionnément attirée par son partenaire.

Si vous veillez à sauvegarder ainsi la magie de l'amour et que vous mettez en pratique les techniques amoureuses décrites dans les premiers chapitres de ce livre, vous serez en mesure de conserver toujours une sexualité épanouissante. Puissiez-vous chaque jour vous aimer plus et plus passionnément et jouir du don spécial de Dieu. Vous le méritez.

Remerciements

Je remercie ma femme, Bonnie, d'avoir une fois encore parcouru avec moi le chemin menant à la conception d'un livre et de m'avoir de nouveau permis de partager nos expériences personnelles avec nos lecteurs. Je la remercie de son inépuisable patience, de son soutien et de sa créativité, qui m'ont aidé à devenir un partenaire aimant et efficace. Grâce à elle, à ses conseils et à ses commentaires empreints d'intuition, je comprends et respecte de mieux en mieux le point de vue de la femme.

Je remercie mon agent, Patti Breitman, dont l'esprit créatif et l'enthousiasme ont permis la réalisation de ce livre, de sa conception à son impression. Elle est mon ange personnel. Merci aussi à Carole Bidnick, qui m'a mis en relation avec elle au début de la rédaction de *Les hommes viennent de Mars, les femmes viennent de Vénus*.

Je remercie Nancy Peske pour ses conseils éditoriaux et ses suggestions pleines de créativité tout au long du processus d'écriture. Je remercie Jack McKeown de l'intérêt et du soutien qu'il m'a témoignés depuis le début de ce projet, et je remercie tout le personnel de Harper-Collins de son aide efficace.

Je remercie Michael Najarian et son épouse, Susan, qui ont organisé avec succès tant de séminaires. Merci, Michael, pour ta créativité et tes analyses passionnantes et intuitives, qui m'ont énormément aidé dans la rédaction de cet ouvrage. Je remercie aussi toutes les personnes qui ont contribué avec cœur et ardeur à l'organisation et à la promotion de séminaires, me permettant de transmettre et de développer les enseignements contenus dans ce livre : Elly et Ian Coren à Santa Cruz, Ellis et Consuelo Goldfrit à Santa Cruz, Sandee Mac à Houston, Richi et Debra Mudd à Honolulu, Garry Francell de « Séminaires du Cœur » à Honolulu, Bill et Judy Elbring de « Partenaires pour la vie » à San Francisco, David Farlow et Julie Ricksacker à San Diego, David et Marci Obstfeld à Detroit, Fred Kleiner et Mary Wright à Washington, Clark et Dotti Bartells à Seattle, Earlene et Jim Carillo à Las Vegas, Bart et Merril Berens à Los Angeles et Grace Merrick de la Dallas Unity Church.

Je remercie John Vestman, des studios Trianon, qui a assuré avec un grand professionnalisme l'enregistrement de mes séminaires, ainsi que Dave Morton et le personnel de Cassette Express pour leur travail de qualité sur ces bandes. Je remercie Bonnie Solow de sa compétence et de son aimable soutien au cours de la production de la version audio de ce livre, ainsi que tout le personnel de HarperAudio.

Je remercie Ramy El-Batrawi, de Genesis-Nuborn Productions, et sa femme, Ronda, qui ont conçu et produit les spots publicitaires présentant mes séminaires.

Je remercie mes assistantes, Ariana Husband et Susie Harris de leur travail acharné, de leur dévouement et de l'efficacité avec laquelle elles gèrent mon bureau et mon agenda.

Je remercie mon chiropracteur, Terry Safford, pour

l'aide qu'il m'a apportée deux fois par semaine au cours de mes six mois d'écriture intensive, ainsi que Raymond Himmel, qui a miraculeusement soigné par l'acupuncture les étourdissements et l'épuisement dont je souffrais à l'issue de ce projet. Je remercie aussi mon amie Renee Swisko pour les extraordinaires séances de guérison par l'esprit dont elle m'a fait bénéficier ainsi que les miens.

Je remercie mes amis et mes collaborateurs de leur soutien et de leurs critiques constructives : Clifford McGuire, Jim Kennedy et Anna Everest, John et Bonnie Grey, Reggie et Andrea Henkart, Lee et Joyce Shapiro, Gabriel Grunfeld, Harold Bloomfield et Sirah Vittese, Jordan Paul, Lenny Eiger, Charles Woods, Jacques Earley, Chris Johns, Mike Bosch et Doug Aarons.

Je remercie Oprah Winfrey de son chaleureux soutien personnel et de la possibilité qu'elle m'a offerte, grâce à son émission, de faire connaître mes idées à trente millions de téléspectateurs.

Je remercie les milliers de personnes qui ont participé à mes séminaires sur les relations de couple, qui ont partagé leurs expériences avec moi et qui m'ont encouragé à écrire ce livre. Leur concours dévoué et les milliers de lettres et d'appels téléphoniques reçus de lecteurs me confortent dans mon désir de développer et de diffuser les principes énoncés dans ce livre.

Je souhaite remercier tout particulièrement les millions de lecteurs qui ont assuré l'immense succès de mes précédents ouvrages, les ont fait lire à leur entourage et surtout continuent à tirer parti de leur contenu dans leur vie quotidienne.

Je rends grâce à Dieu de m'avoir accordé la chance d'améliorer un peu ce monde et pour la sagesse simple mais efficace qu'Il m'a inspirée et que j'expose dans ce livre.

Table des matières

Les ateliers Mars-Vénus

Il existe des ateliers de formation qui permettent d'approfondir toutes les notions expliquées dans cet ouvrage ainsi que dans les autres ouvrages de John Gray.

Ces ateliers sont des moments privilégiés qui nous aident à mieux comprendre et à intégrer tout ce qui est dit.

Ce qu'en dit John Gray :

« Ces extraordinaires ateliers vous donneront l'occasion d'améliorer de manière permanente vos relations et votre vie. »

Ce que les participants pensent des ateliers :

« Cet atelier nous permet de grandir, de mieux vivre notre vie quotidienne à travers de meilleures relations. Un grand merci pour cet enseignement précieux. »

Joëlle

« Cet atelier m'a fait évoluer dans la compréhension du langage de l'autre. Moins théorique que le livre, il permet de mettre en pratique des éléments qui n'étaient que compris. »

Marc

« Très intéressant, voire passionnant de par le sujet mais aussi de par la qualité de l'animateur. »

Éric

« J'ai pris conscience que mon mari ne fonctionnait pas comme moi. Je serai donc beaucoup plus indulgente pour certaines choses que je ne comprenais pas et qui m'énervaient. J'ai appris plein de petits trucs qui vont me faciliter le quotidien. »

Martine

Pour connaître les dates et lieux de ces ateliers qui ont lieu en France, en Belgique et en Suisse, téléphonez au numéro suivant :

00 32 475 45 76 65.
En France : 04 42 59 32 76

Ou bien écrivez à l'adresse suivante :

ILYO
À l'attention de M. Paul Dewandre
avenue Coghen, 278
B-1180 Bruxelles.

Vous pouvez aussi consulter le site internet
www.marsvenus.fr

Bien-être

Des livres qui vous font du bien

Psychologie, santé, sexualité, vie familiale, diététique... : la collection Bien-être apporte des réponses pratiques et positives à chacun.

Psychologie

Thomas Armstrong
Sept façons d'être plus intelligent - n° 7105

Anne Bacus & Christian Romain
Libérez votre créativité ! - n° 7124

Simone Barbaras
La rupture pour vivre - n° 7185

Martine Barbault & Bernard Duboy
Choisir son prénom, choisir son destin - n° 7129

Deirdre Boyd
Les dépendances - *à paraître*

Nathaniel Branden
Les six clés de la confiance en soi - n° 7091
Maître de ses choix, maître de sa vie - n° 7127

Jack Canfield et Mark Victor Hansen
Bouillon de poulet pour l'âme - n° 7155

Richard Carlson
Ne vous noyez pas dans un verre d'eau - n° 7183

Steven Carter & Julia Sokol
Ces hommes qui ont peur d'aimer - n° 7064

Cherie Carter-Scott
Dix règles pour réussir sa vie - *à paraître*

Loly Clerc
Je dépense, donc je suis ! - n° 7107

Guy Corneau
N'y a-t-il pas d'amour heureux ? - n° 7157

Lynne Crawford
La timidité - *à paraître*

Christophe Fauré
Vivre le deuil au jour le jour - n° 7151

Daniel Goleman
L'intelligence émotionnelle - n° 7130

Nicole Gratton
L'art de rêver - n° 7172

John Gray
Les hommes viennent de Mars, les femmes viennent de Vénus - n° 7133
Mars et Vénus sous la couette - n° 7194

Marie Haddou
Savoir dire non -
n° 7178

Sam Keen
Être un homme -
n° 7109

Barbara Killinger
Accros du boulot -
n° 7116

Dr Gérard Leleu
La Mâle Peur -
n° 7026
Amour et calories -
n° 7139

Christine Longaker
Trouver l'espoir face à la mort -
n° 7179

Bernard Martino
Le bébé est une personne -
n° 7094

Alan Loy McGinniss
Le pouvoir de l'optimisme -
n° 7022

Pia Mellody
Vaincre la dépendance -
n° 7013

Yannick Noah
Secrets, etc. -
n° 7150

Robin Norwood
Ces femmes qui aiment trop – 1 -
n° 7020
Ces femmes qui aiment trop – 2 -
n° 7095

Vera Peiffer
Soyez positifs ! -
n° 7118

Xavier Pommereau
Quand l'adolescent va mal -
n° 7147

Anthony Robbins
Pouvoir illimité -
n° 7175

Jacques Salomé
Papa, maman, écoutez-moi vraiment -
n° 7112
Apprivoiser la tendresse -
n° 7134

Barbara Sher et Barbara Smith
Vous êtes doué et vous ne le savez pas -
n° 7141

Deborah Tannen
Décidément, tu ne me comprends pas ! -
n° 7083

Nita Tucker
Le grand amour pour la vie -
n° 7099

Isabelle Yhuel
Mère et fille, l'amour réconcilié -
n° 7161

Rika Zaraï
Ces émotions qui guérissent -
n° 7114

Santé

Dr R. Aron-Brunetière
La beauté et les progrès de la médecine -
n° 7006

Dr Martine Boëdec
L'homéopathie au quotidien -
n° 7021

Dr Jacques Boulet
Se soigner par l'homéopathie -
n° 7165

Julia Buckroyd
Anorexie et boulimie -
n° 7191

Dr Jean-Pierre Cahané
& Claire de Narbonne
Nourritures essentielles -
n° 7168

Chantal Clergeaud
Un ventre plat pour la vie -
n° 7136

Dr Julien Cohen-Solal
Comprendre et soigner son enfant – I -
n° 7096
Comprendre et soigner son enfant – II -
n° 7097

Bruno Comby
Tabac, libérez-vous ! -
n° 7012

Dr Lionel Coudron
Stress, comment l'apprivoiser -
n° 7027
Mieux vivre par le yoga -
n° 7115

Dr J.G. Drevet & Dr C. Gallin-Martel
Bien vivre avec son dos -
n° 7002

Dr David Elia
Comment rester jeune après 40 ans
Version hommes -
n° 7110
Version femmes -
n° 7111
Le bonheur à 50 ans -
n° 7184

Pierre Fluchaire
Bien dormir pour mieux vivre -
n° 7005
Plus jamais fatigué ! -
n° 7015

Henri Loo & Henri Cuche
Je suis déprimé mais je me soigne -
n° 7009

Dr E. Maury
La médecine par le vin -
n° 7016

Maurice Mességué
C'est la nature qui a raison -
n° 7028

Dr Sylvain Mimoun
Des maux pour le dire -
n° 7135

Stewart Mitchell
Initiation au massage -
n° 7119

Peter Mole
L'acupuncture -
n° 7189

Pierre Pallardy
Les chemins du bien-être -
n° 7001
La forme naturelle -
n° 7007
Le droit au plaisir -
n° 7063

Jean-Louis Pasteur
Toutes les vitamines pour vivre
sans médicaments -
n° 7081

Jean-Yves Pecollo
La sophrologie au quotidien -
n° 7101

Dr Bernie S. Siegel
Vivre la maladie -
n° 7131

Rochelle Simmons
Le stress -
n° 7190

Dr Nadia Volf
Vos mains sont votre premier médecin -
n° 7103

Andrew Weil
Le corps médecin -
n° 7210
8 semaines pour retrouver
une bonne santé -
n° 7193

Diététique

Agnès Beaudemont-Dubus
La cuisine de la femme pressée - n°7017

Marie Binet & Roseline Jadfard
Trois assiettes et un bébé -
n°7113

Dr Alain Bondil & Marion Kaplan
Votre alimentation -
n°7010
L'alimentation de la femme enceinte et de l'enfant -
n°7089
L'âge d'or de votre corps -
n°7108

Sonia Dubois
Maigrissons ensemble ! -
n°7120

Annie Hubert
Pourquoi les Eskimos n'ont pas de cholestérol -
n°7125

Dr Catherine Kousmine
Sauvez votre corps ! -
n°7029

Colette Lefort
Maigrir à volonté -
n°7003

Michel Montignac
Je mange donc je maigris ! -
n°7030
Recettes et menus Montignac -
n°7079
Comment maigrir en faisant des repas d'affaires -
n°7090
La méthode Montignac Spécial Femme -
n°7104
Mettez un turbo dans votre assiette -
n°7117
Je cuisine Montignac -
n°7121
Restez jeune en mangeant mieux -
n°7137
Recettes et menus Montignac (2) -
n°7164
Boire du vin pour rester en bonne santé -
n°7188

Philippe Peltriaux et Monique Cabré
Maigrir avec la méthode Peltriaux -
n°7156

Nathalie Simon
Mangez beau, mangez forme -
n°7126

Thierry Souccar
La révolution des vitamines -
n°7138

Sexualité

Dr Éric Dietrich & Dr Patrice Cudicio
Harmonie et sexualité du couple -
n°7061

Céline Gérent
Savoir vivre sa sexualité -
n°7014

Françoise Goupil-Rousseau
Sexualité : réponses aux vraies questions des femmes -
n°7025

Barbara Keesling
Comment faire l'amour toute la nuit -
n°7140
Le plaisir sexuel -
n°7170

Brigitte Lahaie
Les chemins du mieux-aimer -
n°7128

Dr Gérard Leleu
Le traité des caresses -
n° 7004
Le traité du plaisir -
n° 7093
Le traité du désir -
n° 7176

Dagmar O'Connor
Comment faire l'amour à la même personne... pour le reste de votre vie -
n° 7102

Jean Paccalin
Une pilule nommée désir -
n° 7180

Vie familiale

Etty Buzyn
Papa, maman, laissez-moi le temps de rêver -
n° 7132

Béatrice Cakiroglu
Les droits du couple -
n° 7018

Roberta Cava
Réussir et être heureuse au travail -
n° 7082

Françoise Civeyrel
Consommez bien. Dépensez mieux -
n° 7098

Dr Julien Cohen-Solal
Être heureux à l'école ? -
n° 7173

Carolyn Cowan et Philip A. Pape Cowan
1+1 = 3 -
n° 7065

Brian A. Grosman avec Allan Reznik
Protégez votre emploi -
n° 7085

Brigitte Hemmerlin
Maman Solo -
n° 7100

Vicki Iovine
Grossesse, le guide des copines -
n° 7176

Hélène de Leersnyder
Laissez-les faire des bêtises -
n° 7106

Gerry Marino & Francine Fortier
La nouvelle famille -
n° 7122

Anne-Marie Mouton
500 conseils pour réussir votre grossesse -
n° 7023

Jocelyne de Rotrou
La mémoire en pleine forme -
n° 7087

Nancy Samalin
Savoir l'entendre, savoir l'aimer -
n° 7062
Conflits parents-enfants -
à paraître

Dr Marie Thirion
Les compétences du nouveau-né -
n° 7123

Chantal de Truchis-Leneveu
L'éveil de votre enfant -
n° 7146

Marie-France Vigor
Enfants : comment répondre à leurs questions ! -
n° 7011

Cuisine

Paul Bocuse
Bocuse dans votre cuisine -
n° 7145

Jean-Pierre Coffe
Comme à la maison (1) -
n° 7148
Le marché -
n° 7154
Au bonheur des fruits -
n° 7163
Comme à la maison (2) -
n° 7177

Christine Ferber
Mes confitures -
n° 7162
Mes tartes sucrées et salées -
n° 7186

Nadira Hefied
130 recettes traditionnelles du Maghreb -
n° 7174

Marie Rouanet
Petit traité romanesque de cuisine -
n° 7159

Loisirs

Sonia Dubois
& Marielle Couësmes
La couture -
n° 7144

Harmonies

Karen Christensen
La maison écologique -
n° 7152

Karen Kingston
L'harmonie de la maison
par le Feng Shui -
n° 7158

Marjorie Harris
Un jardin pour l'âme -
n° 7149

Christine Wildwood
L'aromathérapie -
n° 7192

Nature

John Fisher
Comprendre et soigner son chien -
n° 7160

Daniel Gélin
Le jardin facile -
n° 7143

Roger Tabor
Comprendre son chat -
n° 7153

Bien-être

7194

Composition PCA - 44000 Rezé
Achevé d'imprimer en Europe (France)
par Maury-Eurolivres – 45300 Manchecourt
le 5 janvier 2003.
Dépôt légal janvier 2003. ISBN 2-290-30254-6
1er dépôt légal dans la collection : avril 2000

Éditions J'ai lu
84, rue de Grenelle, 75007 Paris
Diffusion France et étranger : Flammarion